"十四五"职业教育国家规划教材

互联网+教育改革新理念教材

形体训练

（第2版）

主审　张岩
主编　尹菲

教·学
资·源

航空工业出版社

北京

内 容 提 要

本书主要介绍了形体训练的相关知识和训练方法,全书共分为6个项目,分别是绪论、民航服务人员身体基本姿态训练、民航服务人员不良形体矫正训练、民航服务人员形体素质训练、民航服务人员形体基础综合训练和民航服务人员形体强化综合训练。每个项目均由若干个任务组成,力求为大学生提供系统、实用的形体训练方法,指导并帮助大学生塑造良好的个人形象。

本书可作为职业院校民航服务、空中乘务等专业的形体素质课程及相关专业课程的教材,也可作为相关企业和培训机构进行形体训练的学习手册。

图书在版编目(CIP)数据

形体训练 / 尹菲主编. -- 2版. -- 北京 : 航空工业出版社, 2021.11(2023.7重印)
ISBN 978-7-5165-2441-1

Ⅰ. ①形⋯ Ⅱ. ①尹⋯ Ⅲ. ①形体-健身运动 Ⅳ.
①G831.3

中国版本图书馆CIP数据核字(2021)第206356号

形体训练(第2版)
Xingti Xunlian(Di-er Ban)

航空工业出版社出版发行
(北京市朝阳区京顺路5号曙光大厦C座四层　100028)
发行部电话:010-85672663　　010-85672683

北京同文印刷有限责任公司印刷　　　　全国各地新华书店经售
2021年11月第2版　　　　　　　　　2023年7月第3次印刷
开本:787×1092　　1/16　　　　　　字数:323千字
印张:14　　　　　　　　　　　　　定价:45.00元

前言

随着时代的发展与进步，我国民航业得到迅速发展，同时对民航服务人员的需求也与日俱增。民航服务人员作为航空公司对外形象展示的窗口，其个人形象直接反映了民航业的行业形象和民航公司的企业形象。因此，良好的形象是民航服务人员应具备的基本素质。为了帮助民航专业学生塑造良好的形象，使其成为符合职场要求的人才，我们精心编写了本书。

本书以增强大学生体质和提高大学生形体素质为主导，以帮助大学生纠正不良姿态、塑造优美形体、培养高雅气质为目标，阐述了形体训练的基本知识，同时结合民航岗位特点，制订了一套适合大学生练习的形体训练方法，对塑造大学生的良好姿态和优美形体有非常重要的指导意义。

此外，我们结合党的二十大精神，进一步修改完善了本书，以全面贯彻党的二十大报告中"加快建设高质量教育体系，发展素质教育"的要求。

具体来说，本书具有以下特色。

1 立德树人，践行铸魂育人使命

本书积极践行"立德树人"的理念，以培养学生正确的世界观、人生观和价值观为己任，将工匠精神、社会责任、职业素养等有机地融入正文内容、经典案例与"民航之声"模块中，引导学生在学习形体知识、训练形体过程中感受并学习优秀民航服务人员对提升个人形象的坚持、对热情服务旅客的追求，以及对民航事业的热爱等。

2 校企合作，职业引领协同育人

本书理论知识部分的编写在一线双师型教师和民航企业的指导与支持下进行，其体例设计充分考虑了教学大纲要求与民航企业需求，内容紧密围绕岗位个人形体要求"量身定做"，提升了全书内容的职业属性，强调内容的实用性和针对性。此外，本书提供大量由形体培训机构专业形体老师示范的形体训练动作图片，能够帮助学生更直观、更清楚地理解动作要领，从而更好地开展形体训练。

3　理念创新，全新形态盘活课堂

本套教材切实践行"以学生为主体，以教师为主导，以能力为根本"的活页式教育理念，按照"必需、够用、兼顾发展"的原则组织内容。在教材内容的编排上，采取"理论知识+训练方法+训练实践"的结构框架，突出学生形体训练能力，让学生在做中学、学中做，化被动为主动，在学习中"活"起来，发展创新思维，提升课堂效率，从而快速提高个人形象。

4　资源丰富，科技赋能教育平台

本书配置了"二维码"立体化学习资源，学生只"扫一扫"，训练动作讲解、标准姿势示范、动作要领提示等就跃然于眼前，大大增强了学习的趣味性和互动性。

同时，为了方便学校管理、教师教学和学生自学，本书与一款集教学管理、教学支撑于一体的文旌综合教育平台"文旌课堂"（www.wenjingketang.com）开展了深度合作，学校可借助该平台管理校本课程，教师可借助该平台管理各种教学资源（如教学课件、微课视频等）、布置作业、组织考试，学生可借助该平台阅读课外资源、提交作业、进行线上练习、参加考试等。师生在教与学的过程中有任何疑问，都可以登录该平台寻求帮助。

5　内容全面，覆盖多种训练方法

本书从实用的角度出发，将内容分为绪论、身体基本姿态训练、不良形体矫正训练、形体素质训练、形体基础综合训练和形体强化综合训练等六个项目，全面、系统地介绍了形体训练的相关知识和训练方法。其中，绪论介绍了形体训练的相关理论知识；身体基本姿态训练详细介绍了站姿、坐姿、行姿、蹲姿等基本姿势的相关知识和动作要领；形体素质训练主要介绍了如何进行身体的柔韧性训练、耐力训练、力量训练和前庭耐力训练；形体基础综合训练和形体强化综合训练介绍了健美操、瑜伽、芭蕾、中国古典舞和中国民族舞的基本动作要领等内容。

6　巧设模块，锻造综合素质人才

本书模块丰富、新颖、多样，每个任务开头都设有"任务描述"，用于帮助学生明确学习要点；末尾都设有"任务实施"，通过安排实践任务来检验和巩固学生的学习成果；正文中穿插了"知识角""拓展阅读""小贴士""名词解释"等模块，便于学生学习和理解相关知识和动作要领。此外，每个任务末尾均设有"民航之声"模块，以引导学生学习优秀民航工作人员的良好职业道德和职业素养，进行自我提升；每个项目末尾均设有"民航小讲堂"模块，以帮助学生了解关于民航的各类小知识。

本书由张岩担任主审，尹菲担任主编，王国昆、宫宇宁、吴甜甜、孙静、蒲咏秋、高星担任副主编。在编写过程中，编者参考了大量的文献资料，未能一一列明来源，在此向这些资料的作者表示衷心的感谢！由于编者水平有限，书中存在的疏漏与不妥之处，敬请各位专家和广大读者批评指正，提出宝贵意见，以便进一步改进和完善。

目录

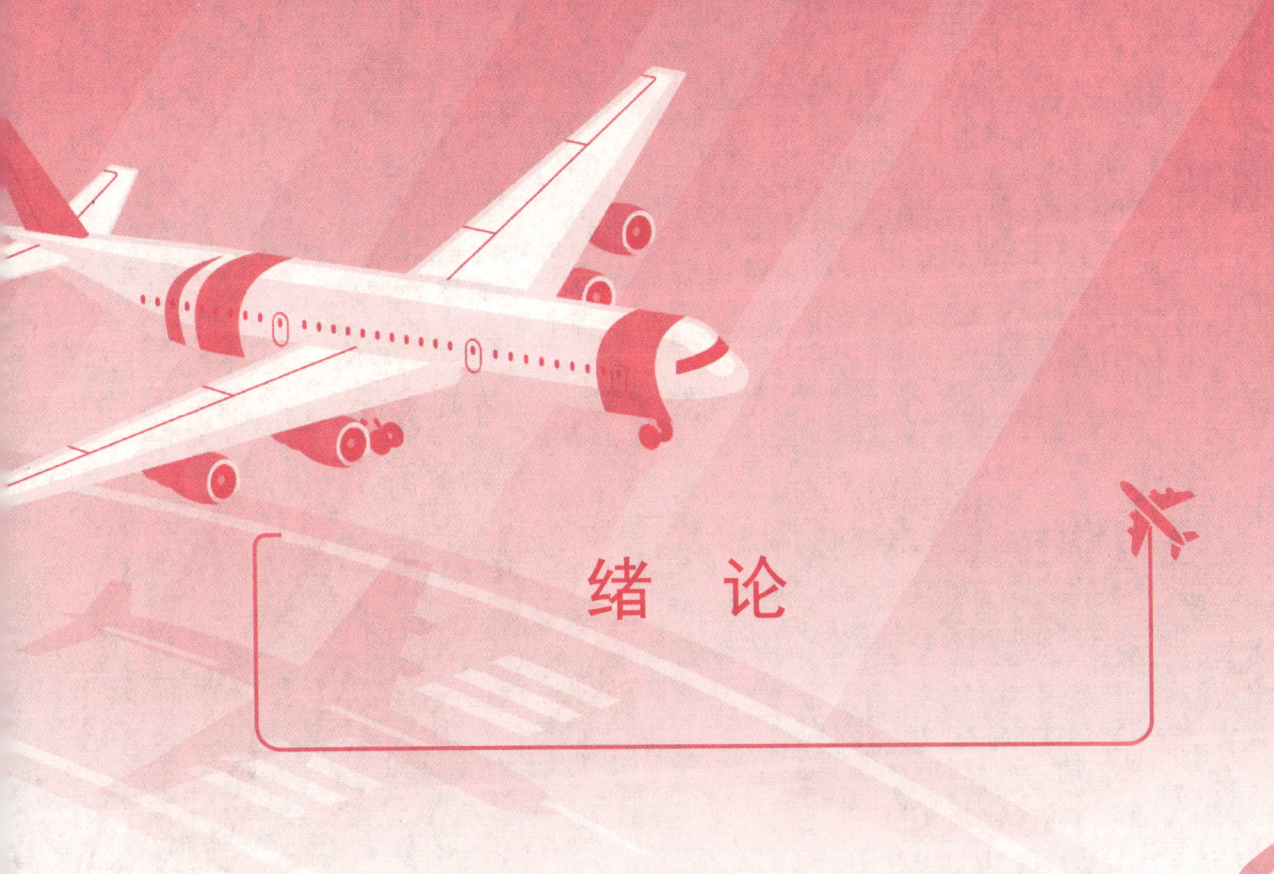

绪　论

📖 项目导读

　　民航服务人员是航空公司面向广大旅客的窗口，其个人形象不仅代表着航空公司的企业形象，也是民航行业形象的重要组成部分。因此，民航服务人员除了应具备扎实的专业知识和技能以外，还要具有良好的形象和优雅的举止。

　　形体训练有一套严格、科学的训练体系，不仅能够改变个人的形体姿态，提高身体的灵活性和协调性，还能提升个人气质。对于民航服务人员来说，它是塑造良好形象和气质的重要途径。

知识目标

- 了解形体美的概念，掌握形体美的衡量标准。
- 了解民航服务人员形体美的职业要求。
- 了解形体训练的概念、特点及作用。
- 掌握形体训练的内容和原则。

技能目标

- 能够正确评价个人的形体状况。
- 能够充分意识到形体训练对个人形象的重要作用，并能用形体美的标准要求自己。

素质目标

- 培养形体训练的意识，并能通过训练不断增强自信心。

一、形体美的概念与衡量标准

（一）形体美的概念

顾名思义，"形体美"就是人的形体之美。具体说来，它包括外在美与内在美两个方面。其中，外在美侧重于形式，主要是指由生理解剖特点所造就的身体之美；内在美是核心，主要是指借助形体将人的思想、气质、情操、风度等深层次的内涵表现出来的美。

形体美是需要通过后天塑造的。首先，形体美应建立外在美的基础之上。一个人的容貌、形态等外在美主要表现在先天遗传的身体之美，以及后天的营养及健康状态等方面。其次，在外在美的基础上进行科学、合理的形体训练，可以改善个人的精神面貌、姿态、行为和气质等。再次，经后天塑造而获得的形体美，是一种集外在美与内在美为一体的综合的美。内在美为外在美奠定了良好的基础，而外部美为内在美的表现提供了条件。只有当内在美和外在美达到和谐统一时，才会表现出良好的形体美。综上所述，形体美不是短时间或暂时性的，它需要进行科学而持之以恒的训练，才能达到理想的效果。

因此可以说，形体美是一个人外与内、身与心的综合反映，它不仅能体现一个人外观和体态的整体面貌，还能反映一个人由内向外所散发出的精神面貌和个人气质。

（二）形体美的基本衡量标准

一般说来，身高、体重和胸围是衡量一个人的形体是否标准的基本指标。其中，身高主要反映人体骨骼的生长发育情况，体重主要反映人体骨骼、肌肉和脂肪等部位的综合状况，胸围主要反映胸廓的大小及胸部肌肉的发育状况。形体美在很大程度上取决于这些身体部位的尺寸及相互间的比例大小。因此，根据人的审美观、健康观，综合身体的协调性和灵活性等因素，我们可以用表 0-1 和表 0-2 作为大学生形体美的基本衡量指标。

表 0-1　大学生形体美的基本衡量指标（男）

身高/厘米	体重/千克	胸围/厘米	上臂围/厘米	大腿围/厘米	臀围/厘米
160～163	62	95	33	51	70
163～166	65	98	34	52	73
166～169	68	100	34	53	76
169～172	71	102	35	53	77
172～175	74	104	35	54	78
175～178	77	106	36	54	79
178～181	80	108	36	55	80
181～184	83	110	37	56	81
184～187	86	112	38	57	83
187～190	89	115	39	58	85

表 0-2　大学生形体美的基本衡量指标（女）

身高/厘米	体重/千克	吸气后胸围/厘米	腰围/厘米	臀围/厘米
154～155	47.5	88	58	88
155～158	48.5	88	58	88
158～160	50.0	89	59	89
160～163	51.5	89	59	89
163～166	53.0	90	60	90
166～169	54.5	90	60	90
169～171	56.0	92	61	92
171～174	58.0	92	61	92
174～176	60.0	94	64	94
176～180	61.5	98	66	96

（三）身体各部位美的评价标准

1. 颈

形状：修长，线条清晰。

比例：颈长应当是脸部长度的 1/2，纤细度与肩、上臂的比例适中，如图 0-1 所示。

2. 肩

形状：平、正、对称、不溜肩，可看到锁骨。

比例：肩宽应是头部长度的两倍，如图 0-2 所示。

图 0-1　颈

图 0-2　肩

3. 臂

臂从形体上讲是肩与手之间的过渡部分，可分为前臂和上臂。其中，前臂是介于腕部与肘部之间的部分，上臂是介于肘部与肩部之间的部分，如图 0-3 所示。

（1）前臂的形状和比例如下。

形状：平滑，圆润，内外有弧线。

比例：长度应是上臂长度的 3/4。

（2）上臂的形状和比例如下。

形状：平滑，收紧时能看到肱二头肌。

比例：长度应略大于上身长度的 2/5。

图 0-3 臂

4. 胸

胸的上端为颈部的下端，胸的下端为骨性胸廓的下端，外部为三角肌前后缘，如图 0-4 所示。

图 0-4 胸

名词解释 ●●●●●●

  骨性胸廓是由 12 块胸椎、12 对肋骨和 1 块胸骨以及它们之间的连结共同构成，呈前后略扁的圆锥形。胸廓的上口较小，由第 1 块胸椎、第 1 对肋骨和胸骨柄上缘围成，是颈部与胸腔之间的通道；胸廓的下口较大，由第 12 块胸椎、第 11 对、第 12 对肋骨肋弓及肋前端，以及剑突围成。

  三角肌，又称虎头肌，它位于肩部外侧皮下，呈三角形，从前、后、外侧包裹着肩关节。

形状：胸至锁骨可以看见比较明显的锁骨线，女性胸部坚挺、有弹性；男性胸部平坦、结实。

比例：胸围约身高的1/2。

5. 背

形状：平，且两边呈 V 字形。

比例：宽度与腰臀比例适中，如图 0-5 所示。

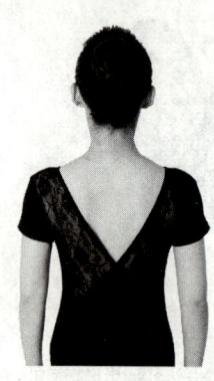

图 0-5　背

6. 腰

腰是人体最重要的连接部位，主要指脊柱两侧，介于髋骨和假肋（不直接与胸骨相连的第 8 对至第 12 对肋骨）之间的部分，如图 0-6 所示。

图 0-6　腰

形状：前腰和侧腰的脂肪少且平坦，无下垂；后腰平、窄。

比例：腰线在胸部下端与大腿根部连线的中点上，下腹无突出感。

7. 臀

形状：臀部高而圆翘，臀峰圆滑，球形上收，臀向腰或大腿过渡平稳而明显，大腿后部无脂肪堆积。

比例：宽度与肩齐或略比肩宽，如图 0-7 所示。

8. 大腿

形状：从整体上看，内侧圆滑平润，双腿并拢时有接触点；外侧平滑圆润，无明显肌肉。从前面看，表面平滑，有弧线，向膝过渡有平滑感；从后面看，有圆滑弧线，臀折线浅，从臀到小腿有明显过渡，可看到肱三头肌但不明显，无明显的脂肪堆积。

比例：长度约为身高的 1/4，如图 0-8 所示。

图 0-7　臀　　　　　图 0-8　大腿

9. 小腿

形状：腓肠肌在小腿上部的 1/3 处，肌肉线条细、平，体积小。

比例：长度等于大腿长度的 2/3，如图 0-9 所示。

🔖 名词解释 ●●●●●●

> 腓肠肌，俗称小腿肚子，是指小腿后面浅层的大块肌肉。

●●●●●●

10. 膝

形状：平滑，与大腿、小腿过渡自然，膝盖周围无多余脂肪，大腿伸直后，膝盖无向外侧突出感，如图 0-10 所示。

比例：宽度与腿部比例适中。

11. 踝、足

形状：踝细，足弓高，呈漏斗状，形态美观，如图 0-11 所示。

比例：脚踝宽度约为大腿宽度的 2/5。

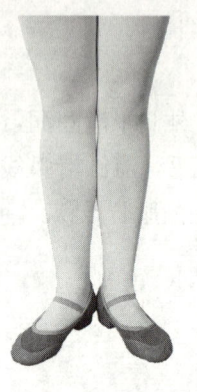
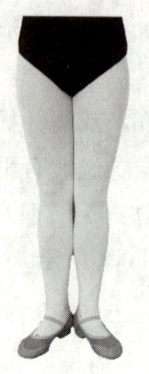
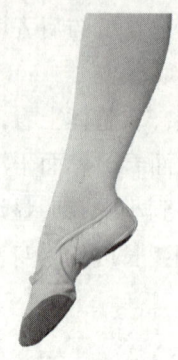

图 0-9　小腿　　　　　　　　图 0-10　膝　　　　　　　　图 0-11　踝、足

二、民航服务人员形体美的职业要求

　　综合各大航空公司对民航服务人员的从业要求，民航服务人员形体美的标准大致包括以下几点：

　　（1）男性身高 1.73～1.85 米，女性身高 1.63～1.75 米。

　　（2）五官端正，肤色健康，牙齿排列整齐且无明显异色。

　　（3）男性单眼裸视力 C 字形视力表不低于 0.7，女性单眼裸视力 C 字形视力表不低于 0.5。眼球大小适中、对称，目光有神，无斜视、无色盲、无色弱。

　　（4）身体裸露部位无明显疤痕或色素异常。

　　（5）形体匀称，步态自如，动作协调。

　　（6）无 O 形腿或 X 形腿。

　　（7）无驼背、高低肩或脊柱侧弯情况。

　　（8）无明显的内、外八字步。

三、民航服务人员体能要求

　　综合各大航空公司对民航服务人员的从业要求，民航服务人员的体能要求如表 0-3 所示。

表 0-3　民航服务人员的体能要求

测试项目	达标要求		测试规则
3 000 米跑	标准（男）	不超过 17 分	在规定时间内跑完者视为合格
1 500 米跑	标准（女）	不超过 11 分 30 秒	
100 米跑	标准（男）	不超过 15 秒 50	
	标准（女）	不超过 18 秒 40	
引体向上	标准（男）	不少于 3 个	双手分开与肩同宽，正握杠，身体呈直臂悬垂姿势；两臂同时用力，向上引体（身体不能有任何附加动作）；下颌超过横杠上缘时还原并呈直臂悬垂姿势。以上动作全部做到位为完成 1 个
双杠臂屈伸	标准（男）	不少于 5 个	双手分别握杠，两臂支撑在双杠上，头正，挺胸，顶肩，躯干、上肢与双杠垂直；肘关节慢慢弯屈，同时肩关节伸屈，使身体逐渐下降至最低位置；稍停片刻，两臂用力撑起至还原。以上动作全部做到位为完成 1 个
立定跳远	标准（男）	不少于 2 米	从起跳线起跳，达到规定距离者视为合格
	标准（女）	不少于 1.3 米	
一分钟仰卧起坐	标准（男）	不少于 26 个	双手抱头，躺下时肩膀碰地；在规定时间内完成者视为合格
	标准（女）	不少于 20 个	

✈ 四、形体训练的概念和特点

　　形体训练又称形体美训练，是指练习者运用科学的健身理念和方法，按照一定的训练标准和要求，塑造或改善身体形态的一种练习过程。它既注重人体外在美的训练，又注重人的内在美的培养。通过科学的形体训练不仅可以有效地帮助民航服务人员改善不良形体，塑造规范的身体姿态，培养高雅的气质，还可以使其更好地达到从业标准，以适应民航企业的发展需要。

扫一扫
认识形体训练

　　形体训练主要有以下几个特点。

（一）灵活性

　　形体训练的形式与手段多样、灵活，其运动量可大可小，且不受气候、场地和时间等条件的限制。同时，形体训练操作方便，十分灵活。不同身体素质、体型、体质和年龄的人只要掌握一些基本的训练方法或方式，就能根据自己的实际情况进行训练，并且能够随时调整运动量和运动幅度。

（二）艺术性

形体训练是在体育美学、人体艺术造型等学科的理论指导下进行的，常以其丰富多样的练习内容及表达形式展示出强烈的美感。同时，形体训练时常常伴有音乐，这就使得形体训练的动作可以随着音乐所表现出的不同曲风、节奏和韵律而变化，从而使训练过程变得更加生动，且充满艺术之美。

（三）全面性

形体训练可以帮助练习者通过练习走、跑、跳、屈伸、旋转等动作，掌握身体各部位协调运动的方法，有效地提高身体的灵活性、协调性、节奏感和平衡性。形体训练还可以将负重练习与徒手练习相结合，全身训练与身体某个部位的强化训练相结合，无氧运动与有氧运动相结合，使得不同的训练内容相辅相成，从而帮助练习者的全身肌肉群、身体机能等各个方面都得到均衡发展。

（四）多样性

形体训练的内容和形式多种多样，能够满足不同水平的练习者塑造或改善身体形态的需求。

形体训练的多样性主要体现在训练内容和训练形式两个方面。从训练内容上看，形体训练既有姿态训练和素质训练等形体基础训练，又有中国古典舞、芭蕾和瑜伽等形体提升训练。从训练形式上来看，形体训练既有单人练习，也有双人练习；既有徒手练习，也有器械练习；既有舒缓的慢节奏练习，也有动感的快节奏练习。因此，形体训练的多样性充分保证了不同练习者的不同需求。练习者可以根据自身的要求、年龄、身体条件等，有目的、有针对性地选择适宜的训练内容和方法进行练习。

五、形体训练的作用

（一）增进健康

科学的形体训练，既可以促进练习者骨骼、肌肉的正常发育，帮助其形成正确的身体姿势，也可以提高练习者身体的柔韧性、协调性、灵敏度和力量等，还可以促进其内脏器官、神经系统等的发育。

 知识角

形体训练能"养心"

心血管系统也称血液循环系统，它是由心脏与各类血管所组成的，并以心脏为动力的闭锁管道系统。

一般来说，人体在处于安静状态时，平均心率为 75 次/分，心脏的每搏血液输出量为 50～70 mL，每分钟输出量约为 5 L。在进行剧烈的形体训练时，心脏每分钟的血液输出量可以达到安静时的 5～7 倍，这就势必使心肌处于激烈收缩的状态，并消耗大量的氧气与营养物质。如果经常进行这种刺激，就能使人的心肌纤维增粗，心房、心室壁增厚，心脏体积增大，血容量增多，从而增加心脏的力量。同时，心脏力量的增加，每搏射出血量的增多，使得心跳的次数相应减少。因此，人在平时较为安静的状态下，心脏能够得到较长时间的休息，从而减轻其工作负担。所以说，科学的形体训练可以更好地锻炼心脏功能，保持心血管系统的血液流通，从而减少心脏病的发病概率。

（二）塑造优美形体

培养正确的体态是塑造形体美的关键所在。形体训练要求遵从形体美的标准，根据练习者的身体情况进行有针对性的练习。这些练习可以在提高练习者身体机能的同时，改善其身体的不良姿势，从而达到塑造优美形体的效果。例如，站姿练习可以纠正练习者驼背的不良习惯；肩胛关节灵活性的练习可以纠正练习者双肩不平的不良姿态；腿部内、外侧肌肉力量平衡的练习可以有效矫正练习者的 O 形腿；等等。

扫一扫
形体训练的重要性

（三）磨炼毅力

形体训练是一项需要长期进行的运动。练习者要想通过形体训练纠正自身不良姿态、塑造优美体态、培养高雅气质，就必须进行持之以恒的刻苦训练。尤其是那些没有接触过形体训练的练习者，在训练初期时难免会遇到柔韧性差、协调性差、动作不到位等问题。只有严格按照要求反复练习每一个动作，才有可能在经过一个较长的训练过程后解决上述问题，从而有效改善自己的形体。如果练习者缺乏毅力，没有坚持下来，其训练效果必将大打折扣。因此，形体训练的长期性、反复性和严格性决定了它能不断地考验和锻炼练习者的意志和品质。

榜样力量

努力塑造良好形体——最美空姐背后的故事

2019年5月15日，第十届世界航空公司排行榜新闻发布会暨第九届世界空姐颁奖典礼上，有一名累计飞行近5 000小时的资深乘务长荣获"2019中国最美空姐"荣誉称号。这位最美空姐的获得者就是东海航空乘务长金晓。

作为最美空姐的金晓，笑容始终甜甜的、暖暖的，她仪态端庄、举止优雅、轻言笑语，极具亲和力。当然，这种良好的个人形象并不是与生俱来的。曾经学音乐的金晓，在机缘巧合下成为了一名空乘人员。最初，她以为这份工作就是给旅客分发水和食物，但没想到除了要学习一些专业的飞行知识外，还要进行很多服务和形体方面的培训，而其中最难的就是形体训练。

在形体训练中，空乘人员需要通过一系列的身体练习来塑造良好的体态。训练一天下来，大家都累得腰酸背痛、动弹不得，非专业出身的金晓练习起来更是格外吃力。为了使自己能更快地达到空乘人员从业标准，金晓付出了比别人更多的努力。行姿训练时，金晓让同事帮忙拍下自己练习的视频，回家后反复对照视频中的动作和行姿的基本要领查找自身问题。力量训练时，金晓在胳膊上绑上了三千克重的沙袋，以帮助自己提升臂力和持物的稳定性。微笑训练时，金晓每天一回到家就对着镜子咬筷子练习微笑，一练就是一个小时。时间久了，筷子都被咬出深深的牙痕。正是在这种汗水的浇灌中，金晓终于顺利通过形体训练的各项测评，成了一名合格的空乘人员。

如今的金晓，已从乘务员提拔为乘务长。同时，她良好的形象和优质的服务得到了公司和旅客的高度赞誉，也成了其他乘务员努力的目标与学习的榜样。

（四）提高审美能力

形体训练巧妙地将美育寓于体育之中，使练习者能在练习的过程中，提高对姿态美、动作美和气质美的认识。例如，在芭蕾训练中，优雅形体动作的练习能够使练习者树立良好的审美意识，提升感知美的能力，从而有意识地塑造自身的优美体态和高雅气质。

同时，形体训练中的背景音乐可以帮助练习者在不知不觉中，受到音乐的感染，从而提高其对音乐美的感知能力。例如，在中国古典舞训练中，练习者将舞蹈动作与中国古典音乐有机地结合起来，通过自身对音乐的理解，可以更好地赋予舞蹈动作以生命和美感。此外，运用自己的肢体语言将音乐中所表达的情感进行抒发与展现，也是对乐感和节奏感的一种锻炼。

✈ 六、形体训练的内容

（一）身体基本姿态训练

身体基本姿态是指人体的坐、立、行等身体姿势。良好的身体姿态会给人挺拔高雅、赏心悦目的美感。

身体基本姿态训练是形体训练的重要内容之一，主要包括站姿训练、坐姿训练、行姿训练等训练内容。进行身体基本姿态训练可以帮助练习者有效塑造正确、规范的身体姿态，逐步改善诸多不良体态，如驼背、斜肩等，进一步提高形体动作的灵活性。

（二）形体素质训练

形体素质训练主要训练形体的控制力和表现力，包括身体柔韧训练、力量训练、耐力训练、协调性训练和灵活性训练等内容。其中，柔韧、力量和耐力训练是形体素质训练中最主要的内容。柔韧训练是保证形体舒展、动作协调的基础，力量训练能够提高形体的控制力，耐力训练有助于提高形体的稳定性。

（三）形体综合训练

形体综合训练是指以有节奏的形体动作为主要练习手段，通过徒手训练、把杆训练、步伐训练与动作组合训练等方式进一步改善体态的练习。一般来说，形体综合训练的主要训练内容依靠健美操、瑜伽、芭蕾、古典舞、民族舞等多种训练项目的基本功训练来完成。其有助于促进练习者的身体全面、均衡发展，增强练习者身体的节奏感、韵律感和平衡感，也有助于提高练习者对形体训练的兴趣，培养练习者高雅的气质和风度，提升练习者对美的感受能力和鉴赏能力。

✈ 七、形体训练的原则

（一）全面锻炼

形体训练的目的是锻炼全身肌肉，使之有弹性、匀称。所以在进行形体训练时，练习者要先锻炼全身，再有针对性地锻炼某个部位。如果只单纯锻炼某一部分肌肉群，势必导致身体片面发展，从而影响训练效果。

（二）循序渐进

形体训练的效果如何，很大程度上取决于运动的刺激强度，太弱的刺激不能引起机体功能的变化，过强的刺激不仅不能增强体质和改善体型，还会损害身体健康。因此，练习者应遵循选择项目由少至多、动作节奏由慢至快、训练负荷由小至大的原则，根据实际情况循序渐进地进行形体训练。

（三）科学选择

进行形体训练时，练习者首先应对自己有一个正确的认识，切实考虑自身的心理、生理等特点，然后在此基础上确定训练目标，并拟定一个符合自己实际情况的训练计划，进而科学地选择各阶段形体训练的内容、形式与方法等。此外，训练强度、训练时间及训练着装也要合理，使之符合形体训练的特点和要求。

（四）形式多样

形体训练的过程比较艰苦，练习者时常会感到辛苦和疲惫。自控能力强的练习者，可以在形体训练的辛苦中找到欢乐，而自控能力差的练习者一旦训练时间过长，就会觉得枯燥无味，很难坚持下去。因此，在进行形体训练时，练习者应尽量使训练的内容与形式多样化，以使持久地保持训练兴趣。

（五）理实结合

进行形体训练时，练习者应做到理论与实践相结合。只有掌握形体训练的基本原理和正确的训练方法，练习者才能灵活地运用相关知识，科学地进行训练。

（六）持之以恒

塑造完美的形体并非一朝一夕就能实现，练习者只有做到持之以恒、循序渐进地进行系统训练，并在训练过程中将形体训练化作一种意识和习惯，才能有效地促进自身机体的发展，达到改善形体的目的。

 知识角

形体训练的注意事项

在进行形体训练时，应注意以下几点：

（1）要先做准备活动。准备活动应以简单、轻松的全身性练习为主，活动量不宜太大，一般以10～15分钟为宜。

（2）要穿有弹性的紧身服或宽松的休闲服，穿体操鞋、舞蹈鞋或健身鞋，并保持整洁。

（3）不宜佩戴饰物，以免饰物掉落，或者被饰物扎到而受到伤害。

（4）使用器械练习时，要有专人进行指导和辅助，并注意训练安全。

（5）训练前后都要补充适当的水分，还要注意合理饮食，以保证营养均衡。

（6）要系统地掌握形体训练的相关知识与方法，并能按照训练计划坚持不懈地进行训练。切忌盲目训练，或者经常中断训练。

（7）每次训练时间以 1～1.5 小时为宜，每周至少训练两次。同时，还应遵循身心发展的客观规律，根据训练的不同阶段不断调整训练时间和运动负荷。

📺 民航小讲堂

国际民航组织

国际民用航空组织（英文缩写 ICAO）是联合国负责处理国际民航事务的专门机构，也是《芝加哥公约》的产物。它是协调世界各国政府在民用航空领域内各种经济和法律事务，并制定各种民航技术标准和航行规则的国际组织，其总部设立在加拿大的蒙特利尔市。

为了解决民用航空发展中的国际航空运输业务权等国际性问题，1944 年 11 月 1 日至 12 月 7 日，52 个国家在美国芝加哥举行了国际民用航空会议，签订了《国际民用航空公约》（通称《芝加哥公约》)，并按照公约规定成立了临时国际民航组织（PICAO）。1947 年 4 月 4 日，《国际民用航空公约》正式生效，国际民用航空组织也因之正式成立。同年 5 月 13 日，该组织正式成为联合国的一个专门机构，简称"国际民航组织"。

国际民航组织由大会、理事会和秘书处 3 级框架组成，它的宗旨和目的在于发展国际航行的原则和技术，促进国际航空运输的规划和发展。国际民航组织的主要工作是制定国际航空和安全标准，收集、审查、发布航空情报，也作为法庭解决成员国之间与国际民用航空有关的任何争端，防止不合理竞争造成经济浪费、确保飞行安全等。

📖 任务实施

正确认识形体训练

请根据所学知识写一份课后感想，谈谈自己对形体训练的理解和认识，字数不限。

任务要求：

（1）请阐明自己对形体美和形体训练的认识，分析形体训练对民航专业学生的重要性。

（2）可结合自身情况分析自己形体的不足之处，查找自己形体与民航服务人员形体美的职业要求之间的差距，列出需要改善的地方，并为自己拟定一个形体训练的目标。

任务评价

教师参照表 0-4 为每位同学的课后感想评分。

表 0-4　任务评价结果

序号	评价内容	分值	教师评分
1	能够正确认识形体美和形体训练	25	
2	能够根据所学内容提出自己的见解	25	
3	能够根据形体美的标准，客观分析自身形体的优势与不足	25	
4	为自身拟定的形体训练目标较为实际，有较强的可操作性	25	
	合　计	100	

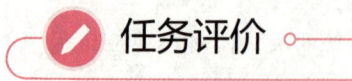 **民航之声**

政策引领，提升形象——民航乘务员职业形象有标准

2021 年 5 月 17 日，由中国航空运输协会编制的《民航客舱乘务员职业形象规范》正式对外发布。这是我国民航业首个关于乘务员职业形象的团体标准，被认为将进一步助力提升整个行业的知名度、美誉度及社会公众对行业的信赖度。

自 1955 年至今，中国民航客舱乘务员队伍经历了从无到有、从小到大的发展历程，从"十八姐妹"到今天的 10 万客舱人，民航客舱人服务着广大的国内外旅客，职业形象也在日益提升，展现了"真情服务""民航形象"。《民航客舱乘务员职业形象规范》是客舱乘务员职业形象管理工作的规范，主要涵盖了制服、配饰、发型、妆容、职业姿态、职业礼仪等六个方面，并强调了服从机长管理、工作场合职业礼仪等维护客舱安全的相关内容。旨在为民用航空公司设计客舱乘务员职业形象提供基础性和通用性规范，为促进中国民航客舱队伍整体建设，强化队伍"真情服务"意识，"立足小客舱，服务大世界"，提升乘务员职业形象和促进客舱安全做出努力。

该规范编制工作于 2020 年 7 月启动。中国航协客舱乘务委员会组织来自国航、东航、南航、海航和厦航的专业人员组成起草组，在参考相关乘务员管理的具体规定基础上，经过起草通稿和反复修改，并征求 41 家会员航空公司客舱部门负责人和民航院校意见，多次研讨完善后，提请行业专家和团体标准专家逐条审查通过。

　　中国航协理事长助理、客舱乘务委员会主任冯润娥介绍，职业形象是指在公众面前树立的专业形象，民航客舱乘务员的职业形象不仅代表航空公司的企业形象，也是民航行业形象的重要组成部分。民航职业形象规范上升到行业层面的团体标准尚属首次，在世界范围也处于领先水平。这一标准兼顾客舱安全，并贯彻落实了"真情服务"理念，为国内航空公司制定职业形象标准提供依据和规范，也为相关院校培训空乘学员提供了重要参考，在其他服务行业职业形象建设方面也具有一定借鉴意义。

　　该规范既有很多民航特色的要求，如民航客舱服务具有安全限制、特情限制和空间限制，制服剪裁应合体，套装穿着以方便乘务员工作为主，最大限度地降低不安全因素；空勤登机证在进入候机楼隔离区域或上下飞机时，应规范佩戴；着制服期间不应喧哗打闹等。又有很多符合时代要求的新内容，如做好自媒体管控，不泄露旅客隐私；仅在工作值勤期间穿着制服，不穿着制服乘坐公共交通工具或进行私人活动等。

项目一

民航服务人员
身体基本姿态训练

📖 **项目导读**

　　站姿、坐姿、行姿和蹲姿是民航服务人员身体基本姿态训练的重要内容。规范、优雅的身体姿态既是民航服务人员个人修养的外在体现，又是从事民航服务工作的基本要求。民航服务人员的姿态不仅展现了民航企业高标准、高质量的工作作风与工作态度，更对增强旅客满意度，提升企业整体形象起到重要作用。因此，民航服务人员要时刻注意自己的姿态是否得体，对自己负责，也要对企业负责。

知识目标

- 了解站姿、坐姿、行姿和蹲姿，掌握其动作要领。
- 掌握四种基本姿态的训练方法。

技能目标

- 能规范执行站姿、坐姿、行姿和蹲姿动作，练就优雅姿态。

素质目标

- 传承中国礼仪文化，重视行为规范，并能做到知行合一。

任务一　站姿训练

 任务描述

　　站姿是一种静态的身体姿态，也是其他动态姿态的基础和起点。俗话说"站有站相"，良好的站姿不仅能体现出一个人良好的精、气、神，还能衬托出一个人的自信和风度。民航服务人员从事的是服务行业，经常需要长时间的站立，因此标准、优雅的站姿就显得非常重要。本任务将讲解如何练就稳健、优雅的站姿。

 知识讲解

扫一扫
站姿的基本要领

一、站姿的基本动作要领

　　站姿的总体要求是正直挺拔、舒展大方。其基本动作要领如下：
　　（1）头正。面部朝向正前方，双目平视，嘴唇微闭，下颌微收，颈部挺直，表情平和自然。
　　（2）肩平。肩部微微放松下沉，稍向后展开，两肩平齐、舒展。
　　（3）臂垂。双臂放松，自然下垂于体侧，双手的虎口向前，手指自然弯曲。
　　（4）躯挺。后背正直，挺胸收腹，提臀，立腰。
　　（5）腿并。双腿膝盖夹紧，大腿内侧收紧。
　　（6）脚稳。正步站立，脚跟靠拢，脚尖并拢，身体重心落在两脚中间。

二、常用站姿训练

（一）女士常用站姿训练

1. 丁字步站姿训练

　　训练动作：上身正直，头正目平，腰直肩平，挺胸收腹，双臂自然下垂，双手交叉置于腹前，贴于肚脐处，手指伸直但不外翘，双腿并拢，膝盖紧贴，双脚站成小丁字步，身体重心可落于两脚之间，也可以落于一只脚上，如图1-1所示。如果长时间站立，练习者还可以通过转移两脚重心缓解疲劳。

2. 扇形步站姿训练

　　扇形步站姿也称小八字步站姿，其训练动作：双手交叉置于背后或握于腹前，双腿和脚跟并拢，脚尖分开约45°～60°，成小八字步，身体重心落于两脚之间，如图1-2所示。

图1-1　丁字步站姿　　　　　　　图1-2　扇形步站姿

（二）男士常用站姿训练

1. 前腹分腿式站姿训练

　　训练动作：双手交叉置于腹前，右手握住左手手腕，双腿自然分开（距离以不超过肩宽为宜），双脚平行，身体重心落于两脚之间，如图1-3所示。

2. 背手分腿式站姿训练

　　训练动作：双手交叉置于背后，左手握住右手手腕自然贴于背部，双腿自然分开，双脚平行，身体重心落于两脚之间，如图1-4所示。

图1-3　前腹分腿式站姿　　　　　　图1-4　背手分腿式站姿

知识角

站姿训练小妙招

1．靠墙练习

此练习主要训练整个身体的控制能力。

训练要领：背墙站立，脚跟、小腿、臀部、双肩和头部紧贴墙壁，使身体保持一条直线。

训练时间：每天约 15 分钟。

2．分腿立

此练习主要训练臀、腹及上身。

训练要领：双腿在小八字立的基础上分开与肩同宽，双手叉腰，双肘微向前扣，收腹，挺胸，立腰，立背，双肩后张下沉，夹臀的同时收腹。

训练时间：每天约 15 分钟。

3．头上顶书

此练习主要训练头部的控制能力。

训练要领：基本站姿站好后，选取一本重量适宜的书放于头顶中心位置，身体保持平稳，努力保持书在头上的稳定性。

训练时间：每天约 15 分钟。

4．点地练习

此练习主要训练腿的控制能力和身体重心的稳定性。

训练要领：在基本站姿的基础上，保持上身形体和重心的稳定，右腿向前伸直点地，脚尖绷紧，脚面外翻，坚持数秒后收腿回位，换左腿重复以上动作。

训练时间：每天约 15 分钟。

三、站姿训练的注意事项

进行站姿训练时，练习者需要注意以下几点：

（1）双臂不要交叉抱胸。

（2）双手不要插入衣袋或裤袋中，也不能交叉抱于脑后，或者双手、单手叉腰。

（3）不要弯腰驼背或过于挺胸。

（4）双腿不要交叉、弯腿顶跨。

（5）双脚不要分叉过大，也不能呈内八字。

（6）身体不要歪斜或随意扭动，不要倚物（如墙壁、椅子等）。

（7）身体各部位都要放松，避免僵直硬化，肌肉不能紧张。如果站立时间长，还可以适当地变换姿态，追求动态的美感。

 知识角

客舱迎客的站位、站姿礼仪

（1）当旅客登机时，乘务长应站在L1门（即旅客登机门）处，其他乘务员则应在指定位置，以丁字步站姿或扇形步站姿站位，面带微笑迎客。

（2）当旅客进入客舱时，乘务员应以规范的站姿、优美的仪态，与舱门呈45°夹角，正面对着旅客，目视对方，面带微笑，向客人行15°鞠躬礼，并主动问候旅客："欢迎您乘坐本次航班。"同时，还应亲切地要求旅客请出示登机牌。

（3）当旅客出示登机牌后，乘务员应双手接过登机牌，经过确认后，再双手还给旅客。

（4）乘务员以手势示意，给旅客指明座位方位，并说："您的座位在××排×座，请往这边走，客舱内会有乘务员为您引导。"

 拓展阅读

细节决定成败

俗话说："细节决定成败。"站姿是人们在日常交往中经常用到的基本姿态。站姿的好坏可能会直接影响到他人对你的评价，甚至工作的成败。

小韩是某商场刚入职的售货员。一天，一位顾客来到小韩的柜台，小韩非常热情地为顾客介绍柜台中的商品。但是，当顾客想要对商品的功能做进一步了解时，却看到小韩歪歪斜斜地倚靠在柜台前同自己讲话，同时一只脚还不停地点着地。顾客皱了皱眉头，觉得小韩可能对自己很不耐烦，于是就用"下次再说吧"搪塞小韩，并转身离去。

张先生是某公司的业务经理。一天，张先生到A公司洽谈业务。当他刚走到该公司门口时，看到两名保安人员松松垮垮地站在大厅里，还嘻嘻哈哈地聊着天。张先生感到不悦，想了想，还是取消了去A公司洽谈的计划。与张先生随行的助理对他的决定感到不解，便询问其中原因。张先生笑了笑，对助理说道："你看，A公司门口的

保安人员形象不错，但站得歪歪扭扭，还在工作时间聊天。他们作为公司的第一道门面对待工作都这么不认真，那么整个公司的企业文化和精神状态估计也不会太好。"随后，张先生又严肃地对助理说："所以，我们在平时的工作中，不但要提高自己的业务水平，还要时刻注意自己的行为举止啊！"

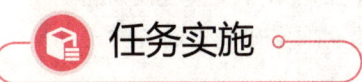 **任务实施**

日常生活中的站姿分析

请以小组为单位开展活动，学生根据所学内容，分辨不同类型的站姿，纠正错误的站姿。

实施步骤：

（1）全班学生分成若干个小组，每组3～4人。小组成员可以利用各种拍照工具收集日常生活中不同站姿的照片或视频。

（2）小组成员将所收集的照片或视频按照不同类别进行整理，如按照不同职业分类、按照正确和不正确的站姿分类等。

（3）各组针对整理好的资料进行讨论，分析日常生活中的各种站姿是否符合要求，并要求每个小组成员都谈一谈对正确站姿的认识与理解。

（4）讨论完成后，小组成员一起确定本组的PPT内容，并合作完成PPT。

（5）各组派一名代表在课堂上展示、讲解本组的PPT内容。

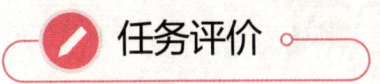 **任务评价**

（1）小组之间进行交流总结，并参照表1-1互相打分。

（2）教师参照表1-1对每个小组的表现进行评价与打分，并做总结性发言。

表1-1　任务实施评价表

序号	评价内容	分值	小组评分（40%）	教师评分（60%）
1	收集的站姿照片或视频具有代表性，并能将其进行分类整理	30		
2	能根据所学内容对日常生活中的各种站姿进行分析，且分析正确、有理有据	30		
3	制作的PPT内容翔实，有理有据，对站姿的认识与理解阐述到位	20		
4	PPT讲解流畅，重点突出	20		
	合　计	100		

民航之声

头顶书本双腿夹纸练站姿——"准空姐"的日常

　　女孩们一字排开，头顶厚厚的书本，两膝之间夹着一张 A4 纸保持站立，嘴上还得衔着一根筷子以保持标准的微笑表情，不时有学生的纸片没夹稳而飘落，还有的学生额上沁出了汗水……这是某所大学空乘专业"准空姐"们的日常形体训练场景。

　　陈雪连是空乘专业的大三学生，当初选择这一专业是考虑到它"就业不错"。不过入学不久她就意识到，这个她曾经以为"高大上"的专业其实很累，需要学习形体礼仪、民航服务礼仪、客舱安全管理、客舱设备操作实务、民航服务英语等众多课程。

　　除了外在的形体礼仪，理论的学习也至关重要。在课堂上，老师强调得最多的就是安全，飞机的各种设施、设备学生都必须要了解。陈雪连的同学周影说："做一个空姐或空少不是那么容易的，要承担的安全责任很重。"

　　随着经济发展，中国民航业迎来黄金时代，包括空乘服务、民航管理、机场物流等岗位在内的民航服务人员缺口很大。曾去过大型空乘招聘会面试的陈雪连说，空姐的选拔并非单纯"拼颜值"，而是看专业能力及综合素质。除了专业学习，她平常还会通过看书、练瑜伽来实现自我提升。

任务二　坐姿训练

 任务描述

　　坐姿是一种重要的身体姿态。民航服务人员良好的坐姿能带给旅客文雅、稳重、自然、大方的美感。本任务我们将讲解如何练就端庄、优雅的坐姿。

 知识讲解

✈ 一、坐姿的基本动作要领

（一）入座的动作要领

　　入座的动作要领：先走到座位前，然后转身并轻稳地坐下。如果女士穿着裙装，落座时要用双手把裙子从臀部上方往臀部下方轻拢，以保持裙边平整、不起皱，并防止走光。

（二）落座的动作要领

（1）上身挺直：头部端正，双目平视前方或注视交谈对象，下颌微收，颈部直立，双肩放平，腰背挺直，身体舒展，重心垂直向下或稍向前倾。

（2）四肢摆好：两臂自然弯曲，双手放在腿上；双腿正放或侧放，女士应双膝并拢，男士可双膝微开。

（3）椅面不满：宜坐椅子的 1/2～2/3，而不宜坐满椅面。

（4）侧坐交谈：与邻座交谈时，可以身体要与对方平视的角度保持一致，如图 1-5 所示。

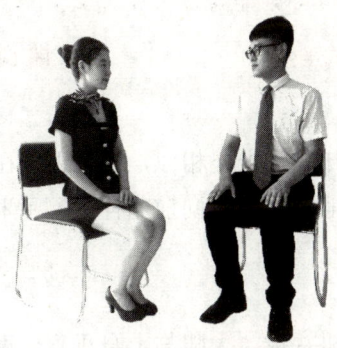

图 1-5　交谈时的坐姿

（三）离座的动作要领

离座的动作要领：先将右脚后退半步，找到支撑点后轻缓起立；起立时应保持上身平稳端正，切勿向前弯腰或左右摇摆。

二、常用坐姿训练

（一）女士常用坐姿训练

1．正坐式坐姿训练

训练动作：双腿并拢，双膝紧贴，双脚并排靠拢，两手合握放于两腿间，上身与大腿、大腿与小腿、小腿与地面均成直角，如图 1-6 所示。

2．开关式坐姿训练

训练动作：上身坐直，双膝并紧，两小腿前后分开，两脚前后基本保持在一条直线上，两手合握放于两腿间，如图 1-7 所示。

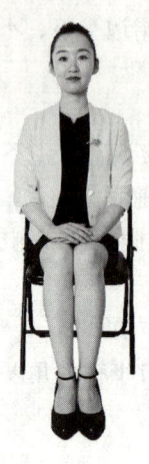

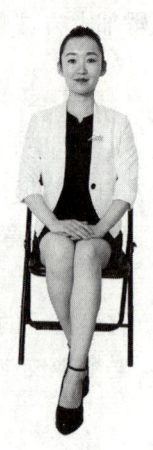

图 1-6　正坐式坐姿　　　　　　　　图 1-7　开关式坐姿

3．交叉式坐姿训练

训练动作：交叉式坐姿与开关式坐姿相似，不同之处在于交叉式坐姿要求练习者双脚在脚踝处交叉，双脚可垂直于地面，也可向前略伸 10 厘米左右，两手合握放于两腿间，如图 1-8 所示。

4．侧点式坐姿训练

训练动作：上身坐直，双腿并拢，大腿与上身垂直，两小腿同时向左侧或右侧倾斜，与地面成 45°角，两手合握放于腿上，如图 1-9 所示。

图 1-8　交叉式坐姿　　　　　　　　图 1-9　侧点式坐姿

5．重叠式坐姿训练

训练动作：上身坐直，双腿上下交叠（注意两腿紧贴），两小腿同时向左侧或右侧倾斜，与地面成 45°角，上方腿向里收，且脚尖尽量指向地面，两手合握放于腿上，如图 1-10 所示。

图1-10　重叠式坐姿

（二）男士常用坐姿训练

1. 正坐式坐姿训练

训练动作：双膝、双脚自然分开（不超过肩宽），双手分别放在双腿上，上身与大腿、大腿与小腿、小腿与地面均成直角，如图1-11所示。

2. 开关式坐姿训练

训练动作：上身坐直，双膝关节略开，两小腿前后分开，两脚前后在一条线上，两手合握放于两腿间，如图1-12所示。

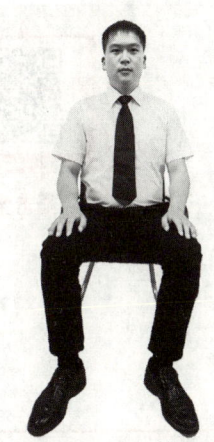

图1-11　正坐式坐姿

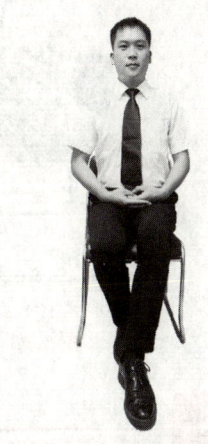

图1-12　开关式坐姿

3. 前伸式坐姿训练

训练动作：上身坐直，双膝关节略开，两腿前伸，双脚在踝关节处交叉，两手合握放于两腿间，如图1-13所示。

4. 后点式坐姿训练

训练动作：上身坐直，双膝关节略开，两小腿向后屈回，双脚前后交错摆放，左脚踩实，右脚前脚掌着地，两手合握放于两腿间，如图1-14所示。

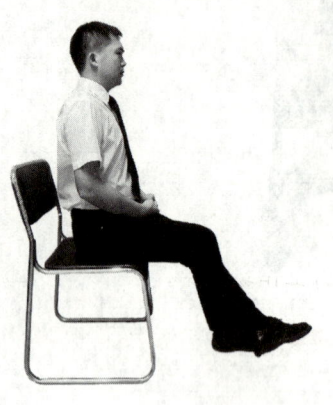

图1-13　前伸式坐姿　　　　　　　图1-14　后点式坐姿

5. 重叠式坐姿训练

训练动作：上身坐直，双腿上下交叠，下面一条腿的小腿与地面垂直，上面一条腿的小腿向里收，尽量靠近下面的腿，脚尖尽量向下，两手合握放于腿上，如图1-15所示。

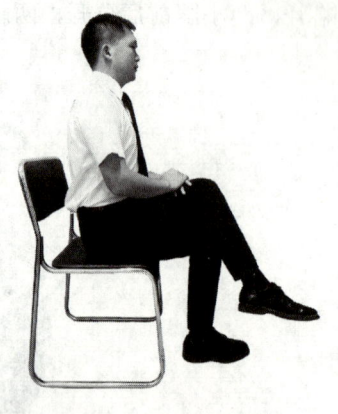

扫一扫
基本坐姿

图1-15　重叠式坐姿

 拓展阅读

坐姿助力成功

某航空公司到一所大学招聘工作人员，众多应届毕业生前去应聘。在通过层层选拔后，有两名学生脱颖而出，进入了最后一轮的选拔。

最后一轮面试是面试官对两名面试者的问答环节。在面试开始之前，两名学生都坐在椅子上等待。第一个参加面试的学生在自己的座位上跷着了二郎腿，两手乱摆，给人一种傲慢不羁的感觉。第二个参加面试的学生始终双腿微拢，双手置于腿上，上身端正挺拔，给人一种庄重、谦逊、大方的印象。

　　在面试时，两个学生都非常顺利地通过了面试官给出的各项考验。可是，面试官决定只录用第二个学生。有人问面试官，为什么两个人同样优秀，却只录用第二个学生呢？面试官笑了笑，说："民航服务人员从事的是服务行业，良好的仪态是基本要求。虽然在整个面试过程中，两个学生都表现得不错。但是，第一个学生在等待时坐姿不雅，给人的第一印象不好，这在将来的工作场合中，很容易引起旅客的反感。而第二个学生在任何时候都表现得坐姿优雅、举止得体，容易给旅客留下好的印象。所以，我们当然会选第二个。"

 ## 三、坐姿训练的注意事项

（1）切忌沉重地落座。

（2）上身挺直，不要含胸驼背。

（3）不可将头倚靠在椅背上，或者低头注视地面。

（4）双臂不要交叉抱胸。

（5）双手不要抱腿或夹于腿间。

（6）女士不要双腿叉开，男士不要双腿叉开过大。

（7）不要跷二郎腿，或者小腿架在大腿上，甚至不停地抖动双腿。

（8）不要一腿弯曲、一腿伸直，或者双腿一起伸直，以免给人一种很随便的感觉。

（9）当双腿交叠而坐时，悬空的脚尖应向下，切忌脚尖朝天或指向他人。

（10）不要用手抚摸小腿或脚部。

 知识角

民航服务人员的坐姿礼仪

1．候机厅坐姿礼仪

　　由于天气原因、机器故障、航班调配等原因而发生航班延误时，民航服务人员需要在候机楼大厅休息等候登机。此时，民航服务人员在遵守坐姿基本要领的基础上，还应注意以下两点：

（1）在候机楼待机时，应集中就座，安静等候。不可与旅客混坐，也不可以坐在窗台上、柜台上或台阶上。

（2）女士应两膝并拢，背包统一放在自己的双腿上，双手扶于背包上；男士两腿可自然分开，双手要自然地放在大腿面上。

2. 客舱坐姿礼仪

民航服务人员在客舱中完成各项工作，暂不需要为旅客提供服务时，需要回到自己的位置就座。此时，需要注意的坐姿礼仪主要有以下几点：

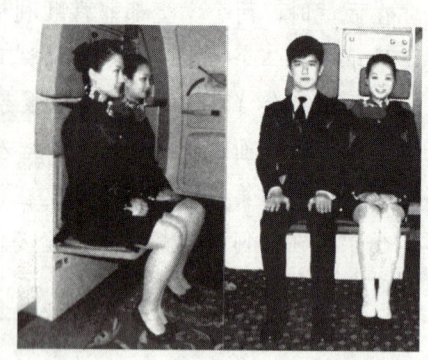

（1）入座时应轻声扳动坐垫，平稳落座。女士着裙装时，可一手扳动坐垫，一手整理裙摆。

（2）落座后应及时系好安全带，女士要两腿并拢，上身紧靠椅背，小腿与地面垂直，双手叠放在大腿面上；男士的双膝外侧距离应与肩同宽，上身紧靠椅背，双手自然放在两腿面上。

（3）落座后应避免耸肩、仰头、低头、捂嘴、挖耳朵等各种不符合坐姿礼仪规范的行为举止，也禁止看报纸、打瞌睡等。

 任务实施

大家一起来找茬

请以小组为单位开展活动，学生根据所学内容，分辨坐姿正确与否，并对错误坐姿予以纠正。

实施步骤：

（1）全班学生分成若干个小组，每组 5～6 人，并选出一名学生担任计分员。

（2）教师将事先准备好的不同坐姿的图片逐个进行展示，各小组以抢答形式回答图片中哪些是正确的坐姿，哪些是错误的坐姿，并对错误之处予以纠正，每答对一题，记 5 分。

（3）请各组推选男、女代表各一位，代表本组进行坐姿示范。教师和各组学生共同对各组代表坐姿的标准度进行评议，从中选出坐姿示范最准确、最到位的男、女学生各一名，并给其所在小组记 10 分。

（4）计分员计算各组得分并公布，得分最高的一组即为获胜组。

（5）教师做总结性发言。

民航之声

铿锵玫瑰绽芳华——记全国劳动模范孟晓婧

是怎样一种热爱，让她把人生最美好的青春奉献给民航事业；是怎样一种执着，让她一步一个脚印，从一名普通安检员，晋升为班组长、副主任再到科室主任。难不倒、压不弯、拉得出、打得赢，一个巾帼不让须眉的"女汉子"，用 16 年的坚守诠释了责任与担当，她就是新疆机场集团乌鲁木齐分公司安全检查总站旅检二室主任孟晓婧。

踏实苦干的"女汉子"

生活中的她温婉贤淑，工作中的她雷厉风行、巾帼不让须眉。在日常的巡视查岗中，她会走到一处就停下来，仔细观察，及时规范安检员的操作，讲解安全知识，耐心细致，她总能因材施教对症下药，准确说出安检员工作中存在的问题，提出哪里需要改进。她每天除了在班前班后会上对工作进行部署，梳理分析工作中存在的问题，还要对于科室内员工思想动态进行谈心谈话，关于责任担当、团队集体，团结互助、荣辱意识等等进行普及教育，她总能将工作安排得面面俱到、井井有条。因业务技能突出，她多次荣获全疆安检技能比武第一名，取得了出色的成绩。她不骄不躁，在提升自我的同时，利用工作之余协助身边同事共同进步。只要有技能比武大赛或者是强化培训，她都会利用休息时间，到培训现场指导科室员工学习图像，一遍遍地讲解学习技巧及工作经验，不时地用采用幽默诙谐的语言，以寓教于乐的方式，教给大家判图的要点，使员工实操技能得到了快速提升。"千里之行始于足下，九层之台起于累土"她就这样带领着旅检二室的全体员工不停奔跑，在积累中成长，在奋斗中坚守，脚踏实地，默默无闻，甘于奉献。

精益求精的"多面手"

在领导眼中，她是得力助手，对待工作认真负责；在同事和员工眼中她既是大家学习的榜样、劳动楷模，也是技能业务达人。她多次在旅客行李中查获违禁品，识破各类伪装和故意藏匿违禁品事件，一次次将安全隐患查堵在地面，以踏实认真、高度负责的态度立足本职。她是一个对工作特别负责的人，工作中她会和操机员讨论对旅客行李的检查心得，会和员工讨论安检规章和服务理念等一些专业知识，这些知识会很大程度地化解员工对工作中的一些的疑问。而更让员工暖心的是，每当她严厉地批评了员工，下班后总会见到她主动找你来拉家常，了解生活情况疏导负面情绪。

她一直严格要求自己，思想上不断进取，业务上精益求精，带领着旅检二室团队不断学习新的服务理念，潜心钻研服务。在防控疫情的特殊时期，为了能让出行的旅客能够感受到浓浓的节日氛围，快乐出行，为了给旅客一个不一样的"疫情中秋"纪念，她组织员工利用休息时间进行设计、选材、制作小礼物，除了让礼物具有欣赏功能，还特别增加了温馨提示功能。这些既实用又美观的小礼物非常受旅客的喜爱和欣赏，安检通道的布置让旅客感受到节日气氛和对文化主题内涵进行诠释与体现。

在平凡的岗位上，孟晓婧用乐于奉献、脚踏实地的精神奏出了不平凡的乐章，在她身上看到了兢兢业业、勤勤恳恳、精益求精、任劳任怨的工作态度。她在平凡的岗位上，挥洒着青春，奉献着智慧，用实际行动为新疆机场集团高质量发展贡献力量。

任务三　行姿训练

⬡ 任务描述

行姿也称为走姿，它以人的基本站姿为基础，是站姿的延续动作。民航服务人员端庄、大方的行走姿态和稳定、从容的行走速度，会给旅客带来沉稳的感觉，并给其留下美好的印象。本任务将讲解如何练就优雅的行姿。

知识讲解

一、行姿的基本动作要领

（1）步态端正。昂首挺胸，收腹提臀，双肩放平、下沉，双目平视，重心稍向前倾，大臂带动小臂自然地前后摆动，摆幅在 15°～30°，前后摆幅在一条直线上。掌心朝内，手指自然弯曲。膝和脚腕不可过于僵直，应富有弹性。脚尖伸向正前方，脚跟先于脚掌着地，脚尖推动不断前行。

（2）步位平直。男士的步位路线应为两条平行线，女士的步位路线应尽可能为一条直线。

（3）步幅适中。步行时双脚中心间的距离应适中，一般前脚跟与后脚尖相距约一脚长，即男士的步幅约 25 厘米，女士的步幅约 20 厘米。若女士穿裙装，步幅可适当缩小。

（4）步速平稳。行走时，步速应平稳、均匀，一般保持在每分钟 110 步左右，不能忽快忽慢。此外，还应根据不同的着装或场合适当调整步速。

（5）步态有别。男士步态应矫健有力，展现出刚健、英武的阳刚之气；女士步态应轻捷、娴雅，展现出温柔、娇巧的阴柔之美。

扫一扫
基本行姿

二、常用行姿训练

（一）前进式行姿训练

前进式行姿是指方向向前的行走姿势，如图 1-16 所示。其动作要领如下：

（1）精神饱满，步态轻盈。

（2）步幅与速度适中。

（3）在行进中，若与人交谈或向人问候，上身和头部可适当转动。

图 1-16 前进式行姿

（二）后退转身步行姿训练

后退转身步是指在后退时转身而采用的行走姿势，这种行姿多用于向他人告辞时。其动作要领如下：

（1）应先向后退两三步，退步时脚要轻擦地面，不可高抬腿，步幅要小，双腿之间距离要小，身体重心平稳。

（2）转身可分为三种情况。① 后退右转时，应以左脚为轴心向右转体 90°，同时向右迈出右脚；② 后退左转时，应以右脚为轴心向左转体 90°，同时向左迈出左脚；③ 后退后转时，应以左脚为轴心，向右转体 180°，然后迈出右脚，或以右脚为轴心，向左转体 180°，然后迈出左脚。

（3）转身时要先转身体，再转头。

（三）引导步训练

引导步是一种走在前边给宾客带路的行走姿势。其动作要领如下：

（1）尽可能走在宾客左侧前方，保持两三步的距离，整个身体半转向宾客方向。

（2）遇到上下楼梯、拐弯、进门时，要伸手示意，如图 1-17 所示。

图 1-17　引导步

 知识角

女士不同着装时的行姿

根据着装的不同，女士的行姿也应有所区别。

1．穿西服套装时的行姿

西服套装适用于一些商务场合，女士着西装，会给人一种干练、大方的感觉，其行姿要求如下：

（1）上身挺拔，后背平正。

（2）两脚立直，走路的步幅可略大些。

（3）手臂放松，自然摆动，不要左右摆髋。

2．穿西式礼服时的行姿

西式礼服常用于宴请等场合，一般以裙装为主，能够让女性显得飘逸、洒脱、轻盈。穿西式礼服时，其行姿要求如下：

（1）身体要挺拔、下颌微收，不要塌腰撅臀。

项目一 民航服务人员身体基本姿态训练

（2）行走时不能左右晃动，步幅不宜过大。

（3）两脚前后走在一条直线上，脚尖略微外开。

（4）两手臂在体侧自然摆动，幅度不宜过大。站立时，双手可交叉放于腹前。

3．穿旗袍时的行姿

旗袍将中国女人古典、雅致、端庄、温婉的美展现得淋漓尽致，不论是在会客、宴请，还是在日常生活中，都能见到旗袍的身影。穿着旗袍时，其行姿要求如下：

（1）身体挺拔，胸微含，下颚微收。

（2）不要塌腰撅臀。

（3）髋部可随着脚步或身体重心的转移稍稍左右摆动。

（4）步幅、手臂的摆幅不宜过大。

三、行姿训练的注意事项

（1）头部要正，不可低头、仰头或摇头晃肩。

（2）不要弯腰驼背、肚子腆起、身体后仰或扭腰摆臀。

（3）不要将手插在衣服口袋、裤袋之中。

（4）腿部不要僵直，不要迈大跨步。

（5）两脚应落在同一条线上，不要叉开双脚行走。脚尖应朝向前进方向，不要有明显的外八字脚或内八字脚。不要落脚过重或蹭着地面拖沓前行。

知识角

民航服务人员的行姿礼仪

民航服务人员在工作中行走时，除了遵守行姿的基本要领以外，还需要注意以下几点：

（1）禁止勾肩搭背、吸烟、饮食、打电话或高声喧哗。

（2）若路遇他人问询时，应停下脚步，面带微笑、耐心、友善地回答他人的问询。

（3）当全体人员纵队行进时，步伐应整齐，并富有节奏感。

（4）携物行走时，应将个人飞行箱放

37

在身体的后面或右侧。女士的身体重心可略微前倾，左肩挎包，左手扶握于包带下端，右手拉个人飞行箱；男士应左手提包，右手拉个人飞行箱。此外，在行走过程中，不要随意甩动个人飞行箱。

（5）应尽量靠右行走，留出左侧通道，方便需要快速通过的旅客通过。

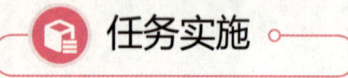 任务实施

行姿展示

请以小组为单位进行行姿展示表演。小组之间相互点评，为展示表演打分。教师对每个小组的表现做出评价，并进行打分。

实施步骤：

（1）全班学生分成若干个小组，每组4~6人，并选出一名组长。

（2）各组组长带领小组成员练习行姿的各种规范动作。

（3）组长组织小组成员设计具体的场景和人物，如引导旅客上下楼、纵队进入候机厅等，然后根据不同场景编排和练习本组行姿展示的内容。

（4）分组展示，每组展示时间约2分钟。

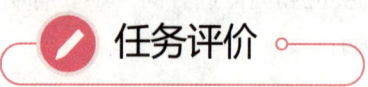 任务评价

（1）各组进行交流与总结，并参照表1-2互相打分。

（2）教师参照表1-2对各组的表现进行评价、打分，并做总结性发言。

表1-2　任务实施评价表

序号	评价内容	分值	小组评分（40%）	教师评分（60%）
1	步态端正，行走过程中身体各部位姿势正确	20		
2	步幅适中，双脚距离合适	20		
3	步速平稳、均匀，并能根据不同场合适当调整步速	20		
4	步态有朝气，能突出个人气质	20		
5	在行走过程中能注意相关礼仪	20		
合　计		100		

民航之声

"空乘"是怎样炼成的

穿着漂亮的制服，拉着精致小巧的行李箱，排着整齐的队伍走在航站楼里……在各个机场，你总能看到空中乘务人员优雅的身影，向所有人展示她们的时尚、优雅。但美好的视觉享受背后，隐藏着空中乘务人员不懈的付出与努力——一名空乘专业的毕业生并非入职便能成为合格的乘务员，他们需要经过长达数月的理论课程和实操培训，大到掌握"航空气象"理论，小到防范"饮品烫伤"，经历了重重"打怪升级"，最终才能成长为大众眼中气质优雅的空中乘务员。

只拥有美丽的外表远远不够

想要成为一名合格的空中乘务员，只有一副美丽的容颜是远远不够的。如同汉语言文学专业学生要学文学史、医学生要了解公共卫生史一样，"准空乘"首先需要学习民航发展史、民航概况和民航法律法规，全方位地了解中国民用航空的各类知识。此外，他们还需要学习航线地理、航空气象等应用学科，熟悉乘务工作标准、岗位职责和旅客管理知识，了解飞机系统、客舱服务设备的功能与使用等。

不同于普通行业，空乘人员除了专业知识的学习，还对体态、气质和沟通能力有较高的要求。在乘务培训中心，"准空乘"们不止要学习乘务英语，还要掌握客舱门口的微笑问候、旅客服务的乘务礼仪、个人的体姿体态，以及机上广播的语速语调、标准的服务手势、笑起来时嘴角上扬的弧度……这都是她们要在这里接受训练和考核的科目。

安全永远是对旅客最好的服务

保证客舱安全和提供优质服务是乘务人员最重要的两项工作，而前者是后者的基础与前提。在大众的刻板印象中，每当提到空乘培训似乎就想到"咬筷子练笑容"的场景，事实上，"应急处置训练"才是新空乘入职培训中必不可少的环节。

"准空乘"们首先需要接受急救设备的使用培训，确保在面对紧急情况时能够熟练使用氧气瓶、急救箱、灭火器、卫生防疫包等设备；熟练操作应急出口、应急滑梯和救生衣、救生艇等设施，确保在客舱失火、突发病情和紧急撤离等情况下能够从容、冷静地完成自身职责，确保客舱安全。

此外，"准空乘"们还要上安全设备示范课、航空卫生与急救课，了解陆地及水上迫降、非法劫机等极端情况的处置程序。在应急处置的训练中，一个小错就可能酿成大祸，所以要求每位乘务人员必须将数十种处理方式了然于胸，根据具体情境谨慎且灵活地处理，保证在慌乱中也能秉承自身的专业性。

"**准空乘**"的培训远不止这些

从乘务培训中心走出来的"准空乘"，其实距离一名真正的空中乘务人员还有不短的路要走。为了做到训练的真实性，入职前他们还将赶赴相关训练中心进行实操环节的培训，通过舱门训练厅、迫降模拟池、静（动）态客舱等设施完成航班模拟、水上训练、医学处置和逃生训练等科目。

这些"准空乘"们还要重新回到所在的分（子）公司完成具有地域特色的课程。例如，东航西北分公司涉及高原航线较多，执飞高原航线几乎成为常态，高原机场运行及相关培训也成为"准空乘"们必须接受的课程。最后，经过考核合格的人员才能进入"带飞阶段"，由他们未来的师父带领他们开启飞行生涯。

对于这些 20 岁出头的年轻人来说，职业生涯的开始已然不易。然而，当她们真正独当一面时，才能意识到执飞的每一个航班背后，都是责任与担当。

任务四　蹲姿训练

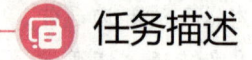 **任务描述**

民航服务人员在工作中，如果遇到捡拾地上物品、整理低处物品等情况需要做下蹲动作时，就需要用到蹲姿。适当、得体的蹲姿能够体现民航服务人员良好的修养和礼仪，也能体现民航相关企业严谨的服务态度。本任务将讲解如何练就恰当、得体的蹲姿。

 知识讲解

扫一扫
蹲姿的基本要领

 一、蹲姿的基本动作要领

蹲姿的总体要求是迅速、美观、得体，其基本动作要领如下：

（1）上身端正，脊背保持直立，一只脚后撤半步，前脚全踩地，后脚脚跟离地，身体重心落在位于后侧的腿上，平缓屈腿，臀部下移，双膝一高一低。

（2）臀部要贴住脚跟，以避免弯腰、翘臀的情况出现。

（3）双腿需合力支撑身体，避免滑倒。

（4）起身时，挺直腰部，平稳起立、收步站好。

二、常用蹲姿训练

（一）高低式蹲姿训练

高低式蹲姿在日常生活中应用较为普遍，如在捡拾地面物品、整理低处物品、给予他人帮助等情况时都可使用。其动作要领如下：

（1）下蹲时，左脚在前，右脚稍后（不重叠，也可以左右脚互换），两腿靠近下蹲。

（2）左脚完全着地，左小腿基本垂直于地面。

（3）右脚前脚掌着地，脚跟提起。

（4）右膝低于左膝，右膝内侧可靠在左小腿的内侧，形成左膝高、右膝低的姿态。

（5）臀部向下轻轻贴于右脚跟，基本上用右腿支撑身体。

（6）采用高低式蹲姿时，男士可将两腿适当分开，如图1-18所示；女士应将两腿靠紧，如图1-19所示。

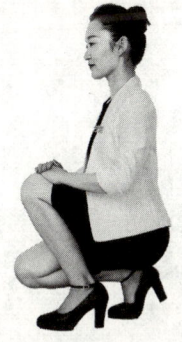

图1-18 男士高低式蹲姿　　　　图1-19 女士高低式蹲姿

（二）交叉式蹲姿训练

交叉式蹲姿是一种蹲下后双腿交叉在一起的蹲姿，通常适用于女士，特别是穿短裙的女士，如图1-20所示。其动作要领如下：

（1）下蹲时，右脚在前，左脚在后（可左右脚互换），右（或左）小腿垂直于地面，全脚着地。

（2）左腿在后与右腿交叉重叠，左膝由右腿下方伸向右侧，左脚跟抬起，左脚前脚掌着地。

（3）双腿前后靠拢，合力支撑身体，身体重心在脚间。

（4）臀部向下轻轻贴于左脚跟，上身可微微前倾。

（三）半蹲式蹲姿训练

半蹲式蹲姿是一种身体半立半蹲的姿势，一般在应急时使用，如图 1-21 所示。其动作要领如下：

（1）下蹲时，上身稍许弯下，但不宜与下肢构成直角或锐角。

（2）臀部务必向下，而不是撅起。

（3）双膝略微弯曲，其角度一般为钝角。

（4）双腿应紧贴，不宜分开。

（四）半跪式蹲姿训练

半跪式蹲姿又称为单跪式蹲姿，是一种双腿一蹲一跪的蹲姿，多在下蹲时间较长，或者为了用力方便时使用，如图 1-22 所示。其动作要领如下：

（1）以高低式蹲姿下蹲后，一腿单膝点地，臀部坐其脚跟之上，以其脚尖着地。

（2）另一条腿应当全脚着地，小腿垂直于地面。

（3）双腿应尽力靠拢。

图 1-20　交叉式蹲姿　　　　图 1-21　半蹲式蹲姿　　　　图 1-22　半跪式蹲姿

三、蹲姿训练的注意事项

（1）动作应自然、得体、大方，不要遮遮掩掩。

（2）应与他人保持一定的距离，且不可过快、过猛，以免与他人发生肢体上的碰撞而产生误会。

（3）应尽量侧身相向，切勿正面面对他人或背对他人。

（4）切忌弯腰撅臀，或者采用两脚平行、两腿分开、弯腰半蹲的"蹲厕式蹲姿"，否则会让他人感到不雅。

（5）无论采用哪种蹲姿，女士都应将双腿靠紧，臀部向下，以避免走光。

 知识角

空乘人员的蹲姿礼仪

（1）在拾取物品时，要站在需拿取物品的旁边，然后屈膝下蹲，物品在哪边就将哪一侧的腿放低，并用这一侧的手拾取物品，另一侧的手放在同侧的膝盖上。

（2）下蹲时要注意身体方位。面对他人下蹲时，应侧身相向；整理低处物品时，可正身下蹲。

（3）在取餐车底部的餐盘时，应面对餐车后退半步，再蹲下，双手从餐车底部取出餐盘，然后再起身，递送给旅客。

（4）不可蹲在椅子或凳子上，也不可在公共场合蹲着休息。

民航小讲堂

机场的分类

机场也称飞机场、空港或航空站，其分类标准大致可以分为以下三种：

1. 按机场的用途划分

按照机场的用途进行划分，可将机场分为军用机场与民用机场。其中，军用机场是供军用飞机起飞、着陆、停放和组织、保障飞行活动的场所，也是航空兵进行作战训练等各项任务的基地。民用机场可再分为通用航空机场与民用运输机场。通用航空机场是指为使用民用航空器从事公共航空运输以外的民用航空飞行任务（如救援、勘探、播种、医疗、人工降雨、飞行训练等）提供起降场所的机场。民用运输机场是指供运输旅客或者货物的民用航空器起飞、着陆、停放，以及进行其他相关活动的机场。

2. 按机场的规模和航线划分

按照机场的规模及其可以承担的航线业务进行划分，可将机场分为枢纽机场、干线机场和支线机场。其中，枢纽机场是指连接国际、国内航线的大型机场；干线机场是指以国内航线为主，且空运量较为集中的大中型机场；支线机场一般是指以地方航线或短途支线为主，且规模较小的地方机场。

3. 按机场的业务量划分

按照机场的年旅客运输量和货物吞吐量进行划分，可将机场分为特大型机场、大型机场、中型机场、中小型机场和小型机场。具体划分标准如表1-3所示。

表1-3 业务量与机场等级划分

机场等级	年度旅客运输量（万人）	年货物吞吐量（千吨）
特大型	≥1 000	≥500
大型	300～1 000	100～500
中型	50～300	12.5～100
中小型	10～50	2～12.5
小型	<10	<2

任务实施

蹲姿展示

请以小组为单位开展活动，学生根据所学内容，在不同的场景中使用恰当的蹲姿。

实施步骤：

（1）全班学生分成若干个小组，每组2～3人。

（2）各组针对表1-4中所列场景进行讨论，分析在这些场景中使用何种蹲姿最为合适。

（3）各组讨论结束后，可选择表1-4中的一种情况（也可自编一种情况）编排本组蹲姿的展示内容。

（4）小组展示各自创编的成果。

（5）展示结束后教师对每个小组的表现进行评价，并做总结性发言。

表1-4 蹲姿场景

序号	情景假设
1	在候机大厅与幼儿进行交流
2	整理餐车底部的餐盘
3	旅客的物品突然掉落，为旅客捡拾起物品
4	贴心地帮助老年旅客系鞋带
5	机组拍摄集体合影，前排穿裙装的女士需要下蹲进行拍摄

民航之声

细致服务赢得"无声的朋友"点赞

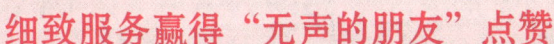

当生活充满喧闹的时候，我们渴望安静，然而对于那些生活在无声世界的人来说，他们却无比地渴望倾听这世界的声音。

6月24日，CZ6531大连—上海航班上迎来了一群特殊的客人，他们是来自大连市聋哑协会的49位聋哑旅客，本次航班上乘务人员细致的客舱服务和精彩的机上活动给他们留下了难忘记忆。

20点10分，这群特殊的旅客们走上了飞机，欣喜地与每一位客舱乘务员打着招呼，摇晃着手中的登机牌找座位，耐心的乘务员逐个将他们带到各自的座位上。坐下后的他们又像是孩子似的，好奇地看看这摸摸那，细心的乘务员又主动的给他们讲解了座位附近的服务设备，如通风孔、呼唤铃、安全带、小桌板等。

在与这个团队的带队老师沟通时，乘务长孙东东了解到其中有不少人都是第一次乘坐飞机外出，于是决定在正常的服务工作完成后，单独为他们做一次特殊的安全演示。即在手语翻译老师的帮助下，由乘务员向他们介绍机上应急设备的使用方法和注意事项。虽然听不到乘务员的广播，但是他们都很仔细、很用心地观察着乘务员和翻译老师的每一个动作。为了加深他们的印象，乘务员在演示完毕后还组织了一场知识问答，并发放了一些小礼物。答对的旅客欢呼雀跃，有的带着灿烂的笑容拿着奖品手舞足蹈，有的含糊不清的对送礼品的乘务员一直说谢谢，拉住乘务员合影留念。

22点50分，飞机降落在上海浦东国际机场，49位无声的朋友不停地用手语表达他们的感激和依依不舍……

项目二

民航服务人员不良形体矫正训练

📖 **项目导读**

　　不良形体是指由于遗传、后天营养不良、身体长时间保持不正确姿势等原因，导致人体某些部位（如颈、肩、背、腿、脚等）的骨骼变形和肌肉发育不平衡。因工作的特殊性，民航服务人员对形体美有着较高的要求。了解不良形体的相关知识和训练方法，能对民航服务人员保持高雅的仪态与气质，积极塑造职业化的形象起到非常重要的作用。

🌐 知识目标

- 📖 了解常见的不良形体的表现及造成原因，并掌握其矫正方法。
- 📖 了解肥胖的含义及形成原因，明确肥胖的衡量标准。
- 📖 掌握减脂的基本方法。

📍 技能目标

- 📖 能够运用所学知识判断自己的形体情况，并能采取合理措施矫正不良形体。
- 📖 能够运用所学知识判断自己是否肥胖。
- 📖 能够根据自身情况制定合理的减脂计划。

🔷 素质目标

- 📖 培养发现问题、正视问题、解决问题的能力。
- 📖 培养坚持不懈、持之以恒的精神。

任务一　上身不良形体矫正训练

任务描述

　　人的上身主要包括头、颈、背、腰等身体部分。上身形体不良主要表现为上身的骨骼、关节或软组织的形状、形态、肌力或功能的异常。本任务将讲解头、颈部前伸，驼背，溜肩，双肩不平和脊柱侧弯的表现、原因与矫正方法。

知识讲解

✈ 一、头、颈部前伸矫正

（一）表现和原因

　　头、颈部前伸主要表现为站立或坐立时，头、颈部不自然地向前伸，不能和肩部保持在同一平面上，如图 2-1 所示。其主要是由个体长期保持低头状态，或者站姿、坐姿等身体姿势不正确造成的。

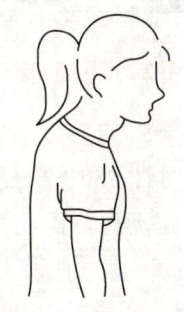

图 2-1　头、颈部前伸

（二）矫正方法

1. 靠墙伸颈

　　训练动作：背部靠墙站立，双脚离墙约半个脚掌的距离，双腿打开与肩同宽，收腹，双肩下沉；吸气时，颈部向前拉长，如图 2-2（a）所示；呼气时，收下巴，颈部后侧肌肉沿墙面向上拉长，如图 2-2（b）

扫一扫
改善颈部前伸

所示。反复练习 5～10 次。

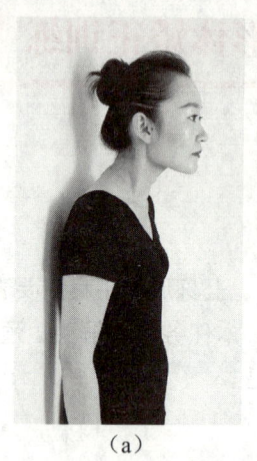（a）　　　　　　　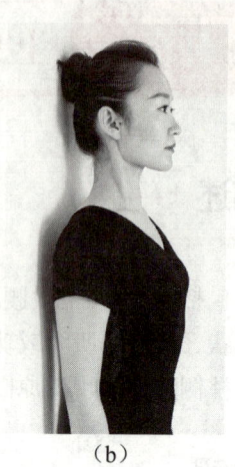（b）

图 2-2　靠墙伸颈

2. 屈腿仰卧

训练动作：仰卧于地面，双腿曲起，双脚脚掌着地，颈后伸迫使头部着地，背部紧贴地面，保持 5 秒，如图 2-3 所示。反复练习 5～10 次。

图 2-3　屈腿仰卧

3. 颈绕环

训练动作：取站位或坐位，先顺时针 360°转动颈部 5～10 次，再逆时针 360°转动颈部 5～10 次，如图 2-4 所示。此为 1 组动作，需反复练习 3 组。在转动时，要注意收紧下颌。

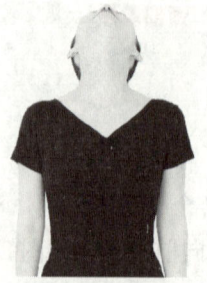

图 2-4　颈绕环

4. 前屈压肩

训练动作：两臂上举，躯干前屈，手扶把杆，用力将胸部向下压，使肩部肌肉感受到压力，保持几秒钟，如图 2-5 所示。反复练习 10～20 次。

图 2-5　前屈压肩

二、驼背矫正

（一）表现和原因

驼背主要表现为胸椎后凸，头颈向前伸，腹部向前凸，如图 2-6 所示。驼背形成的主要原因有背部肌肉薄弱、松弛无力，日常坐立姿势不正确等。

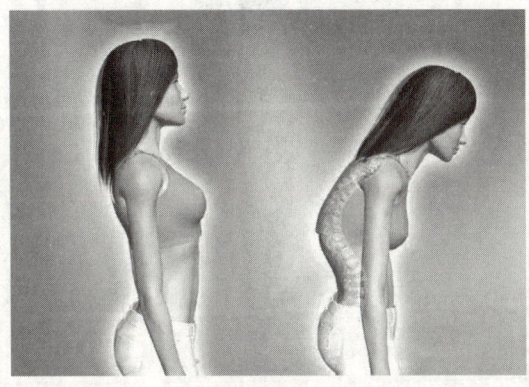

图 2-6　驼背

（二）矫正方法

1. 扶墙前压

训练动作：面对墙壁站立，距墙一步距离，双腿分开，与肩同宽，双手上举扶墙，挺胸、塌腰，头向后仰，将胸部贴到墙面上，如图 2-7 所示。此动作每次需保持 5 秒，以重复 10～15 次为宜。

图 2-7　扶墙前压

改善驼背小练习

2. 靠墙站立

训练动作：贴墙站立，将后脑勺、双肩、后背、臀部、小腿肚和两脚跟紧贴墙壁，背部挺直、收紧，胸部前挺，头向上顶，双肩在一条直线上并稍向后展，两臂自然下垂，如图 2-8 所示。此动作保持时间以每次 15～20 分钟为宜，每天可练习 2～3 次。

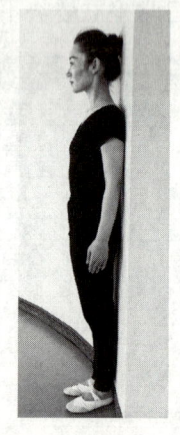

图 2-8　靠墙站立

3. 后握挺胸

训练动作：双腿并拢，自然站立，两手在背后相握，两臂伸直离开背部向上摆动，同时挺胸、抬头，如图 2-9 所示。此动作 10 次为 1 组，需反复练习 3 组。

4. 俯卧两头起

训练动作：俯卧于地面，双手前伸，双脚并拢；吸气时，头、胸、胳膊和腿同时向上抬起，使身体呈弓形，保持 5 秒，如图 2-10 所示；呼气时，还原动作并放松身体。此动作 10 次为 1 组，需反复练习 3 组。

图 2-9　后握挺胸

图 2-10　俯卧两头起

驼背的危害

1. 导致肩颈、腰背酸痛

驼背时，头颈部和胸前的部分肌肉都处于紧张状态，腰背部肌肉也会受到牵拉。因此，当人长时间驼背时，会感到肩颈和腰背部酸痛。

2. 导致循环系统受到压迫

淋巴系统是人体重要的免疫系统之一。驼背会导致淋巴系统受到压迫，使之不能有效地对抗致病菌，从而降低人的免疫力。驼背还会影响血液系统和淋巴系统的循环，使胸部肌肉过度紧张，导致胸部形态发生改变。例如，青少年长期驼背，可能会出现胸部发育不良；成年女性长期驼背，可能会出现胸部下垂；等等。

3. 导致头晕、手麻

长时间驼背会导致颈椎曲度变小，严重时还会压迫穿行于颈椎之间的椎动脉，引起脑供血不足，继而出现头晕或手臂发麻等不良反应。

4. 导致心跳加快

正常成人胸廓高度为 20～25 厘米，驼背后，胸廓高度会减少 3～5 厘米。胸廓高度的减少，会使心脏因胸骨挤压而不能充分扩张，从而导致排血量减少。此时，为了保证足够的排血量，心脏就会加快跳动。

✈ 三、溜肩矫正

（一）表现和原因

溜肩又称垂肩或塌肩，表现为肩膀向下倾斜，肩部与颈部的夹角较大，如图 2-11 所示。溜肩形成的主要原因是锁骨和肩胛骨周围附着的肌肉群不发达或松弛无力，使锁骨和肩胛骨远端下垂。

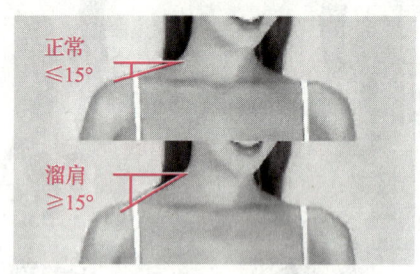

图 2-11　正常肩与溜肩对比图

（二）矫正方法

1. 耸肩

训练动作：两腿直立或跪坐，上身保持正、直，双手叉腰准备，如图 2-12 所示；吸气时，双肩快速向上耸，保持 5 秒；呼气时，沉肩放松。每天练习 5～10 分钟为宜。

2. 屈臂提肘

训练动作：自然站立，双脚打开，与肩同宽，两手各持一哑铃放于体侧，然后屈臂，将哑铃沿身体向上提至与肩平行，保持 3 秒再还原，如图 2-13 所示。此动作 10 次为 1 组，需反复练习 3 组。

3. 颈前推举

训练动作：盘腿坐好，挺胸收腹，两手各持一哑铃放在锁骨前方，然后双手垂直向上推举，直至两臂完全伸直，保持 3 秒，如图 2-14 所示。此动作 10 次为 1 组，需反复练习 3 组。

图 2-12　耸肩　　　　　　图 2-13　屈臂提肘　　　　　图 2-14　颈前推举

四、双肩不平矫正

（一）表现和原因

双肩不平又称高低肩，表现为两侧肩膀的高度不在一条水平线上，一高一低，如图 2-15 所示。双肩不平形成的主要原因有长期不正确地背包、先天遗传、日常坐立姿势不正确等。

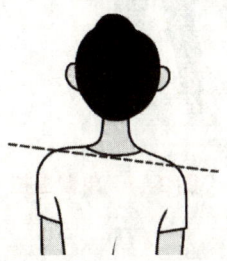

图 2-15　双肩不平

（二）矫正方法

1. 对侧触脚尖

扫一扫
改善高低肩

训练动作：两脚开立，与肩同宽，双臂侧平举，然后下前腰，右手触碰左脚脚尖，左手朝斜上方，与右手成一条直线，保持 3 秒再还原，然后换边练习，如图 2-16 所示。此动作 10 次为 1 组，需反复练习 3 组。

图 2-16　对侧触脚尖

2. 单臂提拉

训练动作：两腿直立或跪坐，上身保持正、直，低肩一侧手持哑铃放于体侧，然后将哑铃向身体外侧匀速抬起至侧平举，保持 3 秒再还原，如图 2-17 所示。此动作 10 次为 1 组，需反复练习 3 组。

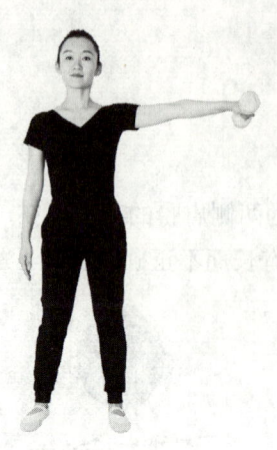

图 2-17　单臂提拉

五、脊柱侧弯矫正

（一）表现和原因

　　脊柱侧弯是指脊柱向左或向右弯曲超过正常范围所导致的形体缺陷。脊柱侧弯常发生于颈椎、胸椎、腰背部或胸部与腰部之间的脊椎，在青少年发育期（以女性居多）较为常见。其初期表现为两肩不等高或后腰不对称，后期表现为脊柱向一侧拱起，呈"C"形或"S"形，如图 2-18 所示。脊柱侧弯主要与长期坐姿不良及运动不足有关。

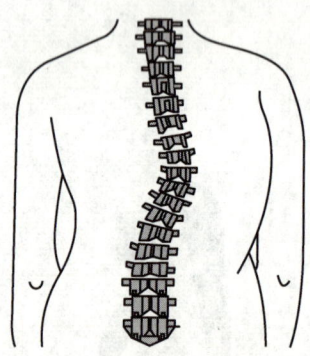

图 2-18　脊柱侧弯

（二）矫正方法

1. 地面踢旁腿

　　训练动作：侧卧（躺向脊柱弯曲的一侧）于地面，膝盖伸直，绷脚背，头、身体、腿成一条直线；一手向头上方伸展，一手屈臂撑地；然后，上腿用力向耳朵方向踢旁腿至最大限度，而后慢慢还原；踢腿时身体要正，幅度要大，如图 2-19 所示。此动作 10 次为 1 组，需反复练习 3 组。

2．摇摆练习

训练动作：两脚一前一后成弓步站立，抬起双臂与肩同高，收紧大腿肌肉，上身向脊柱侧弯的一侧弯曲，侧弯一侧的手放在另一侧的小腿胫骨上，另一只手上举，保持 5 秒再还原，如图 2-20 所示。此动作 10 次为 1 组，需反复练习 3 组。

图 2-19　地面踢旁腿

图 2-20　摇摆练习

3．椅上旋转

训练动作：侧坐在椅子上，脊柱侧弯的一侧身体朝向椅背，双手放于椅背，双腿及髋部位置不变；伸展脊柱，双臂用力，身体从腹部开始向脊柱侧弯的一侧扭转，最后转动头部，保持 5 秒再还原，如图 2-21 所示。此动作 10 次为 1 组，需反复练习 3 组。

4．体侧屈

训练动作：自然站立，双脚打开，与肩同宽，双手于背部相握，上身最大限度地向脊柱侧弯的一侧下弯，保持 5～8 秒，如图 2-22 所示。此动作 15 次为 1 组，需反复练习 3 组。

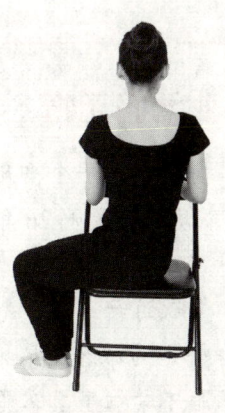

图 2-21　椅上旋转

图 2-22　体侧屈

 **任务实施**

上身形体矫正训练

实施步骤：

（1）运用所学知识判断自己上身的形体情况，找出自身形体缺陷。

（2）结合自身情况制定为期一个月的矫正计划，计划应包括自身存在的形体问题、形体不良的原因，以及矫正训练的时间安排、具体训练项目等内容。

（3）严格按照矫正计划进行训练。训练过程中要循序渐进，不可急于求成，并做到定期检查训练效果。

 **任务评价**

教师参照表 2-1 对学生的任务实施情况进行评价。

表 2-1　任务实施评价表

序号	评价内容	分值	教师评分
1	能够正确判断自己上身的形体情况，并找出自身所存在的形体缺陷	20	
2	能够根据所学知识，结合自身实际情况正确制定矫正计划，且计划切实可行	40	
3	能够严格按照计划开展训练	40	
合　计		100	

 民航之声

乘务长崔贤：投身民航事业无怨无悔

　　2020 年 5 月 22 日，对南航珠海公司乘务长崔贤来说是一个平凡而特殊的日子。这一天，她带组执行南航 CZ3767 珠海—成都航班，这是她 26 年乘务生涯的最后一次飞行。

　　当正常的服务工作完成后，她拿起了话筒："尊敬的女士们、先生们，欢迎你们乘坐中国南方航空的航班……"她最后一次深情地为旅客们播报着广播词。讲到要和她工作了 26 年的客舱分别时，崔贤的眼眶不禁红了，客舱里也响起了经久不息的掌声。

1994年，崔贤与一批有志青年来到民航产业刚刚实现"零突破"的珠海，成为航空公司客舱人。或许是因为在部队历练过，崔贤显得"与众不同"。刚飞行的时候，老式飞机颠簸、密闭，同一批上飞机的十位新乘务员中有的在做起降训练中就忍不住吐了，她却没有。带班的教员忍不住夸她是"天生就是在蓝天上飞的料子"。教员没有说错，在客舱工作这26年来，她凭借精湛的业务知识、丰富的工作经验，在平凡的岗位上发挥出不平凡的光彩。她像是一杯清茶，看似平淡，细品却回味无穷。26年如一日，她把高品质的服务融入平常的每个细节，不仅以身作则，还言传身教，带出了一批优秀的徒弟。作为航空公司的优秀党员、模范员工，崔贤多次带组执行要客、VIP等重要航班，保障国内外重要旅客安全乘机，得到领导和广大旅客的高度好评。

　　这26年来，崔贤一直是公司客舱部最优秀的乘务员。她从来没有因为自己的事、家里的事耽误过一次飞行。最忙碌的时候，一个月她有20多天飞在天上，站在客舱中，服务着旅客。私下里，乘务员们会亲切地称她为"崔妈"，因为和蔼的她对工作认真负责，给旅客一种回家的感觉。

　　忆往昔峥嵘岁月，26年，崔贤挥洒青春，砥砺前行，不负韶华。这空中飞行的近三万个小时是崔贤永生难忘的回忆，因为这贯穿了她整个青春年华。从业26年来，崔贤对飞行工作始终保持初心，用无一次迟到、无一次漏飞的全勤记录，为她的事业画上了一个完美的句号，用时间践行了作为一名共产党员的信仰。这是她对航空公司所有乘客的庄严宣誓，这也是对她义无反顾投身民航事业无怨无悔的证明。

任务二　下身不良形体矫正训练

任务描述

　　人的下身主要包括双腿和双脚。下身形体不良主要表现为双腿和双脚的形状、形态、肌力或功能的异常。本任务将讲解O形腿、X形腿、八字脚和大腿过粗的表现、原因与矫正方法。

知识讲解

 一、O 形腿矫正

（一）表现和原因

O 形腿又称罗圈腿，医学上称为膝内翻，表现为双脚踝部并拢时，双膝不能靠拢，双腿呈 O 形，如图 2-23 所示。O 形腿形成的主要原因有长期缺钙、先天遗传及日常坐立姿势不正确等。

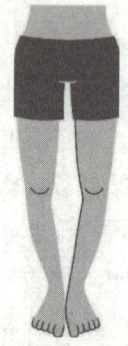

图 2-23　O 形腿

📌 小贴士 ┄┄┄┄

　　医学上一般将 O 形腿的症状划分为三种程度，即轻度、中度和重度。其评判标准为双脚裸并拢时，两膝间距在 3 厘米以内为轻度，两膝间距在 3～5 厘米为中度，两膝间距在 5 厘米以上为重度。

　　矫正 O 形腿应越早越好，越年轻，矫正的效果越显著。

（二）矫正方法

1. 扣膝练习

训练动作：两脚开立与肩同宽，双臂自然下垂；然后，两腿屈膝下蹲，上身前倾，两手扶住两膝盖外侧，用力向内推压，使膝关节内扣并拢，保持 5 秒再还原，如图 2-24 所示。此动作 10 次为 1 组，需反复练习 3 组。

扫一扫
三步矫正 O 形腿

2. 跪坐练习

训练动作：跪立，两膝并拢，两小腿分开，双手叉腰；然后，臀部慢慢向下压，用上身的重量压迫两腿慢慢向下扣膝至跪坐，保持 5 秒再还原，如图 2-25 所示。此动作 10 次为 1 组，需反复练习 3 组。

图 2-24　扣膝练习　　　　　　　图 2-25　跪坐练习

3. 夹球深蹲

训练动作：双手自然放于身体两侧，上身保持直立，双腿张开，并用大腿内侧夹住一个球，脚尖可略微向外；然后，慢慢屈膝下蹲至极限，同时双腿适当用力向内挤压，使球夹紧不掉落，保持 5 秒再还原，如图 2-26 所示。此动作 10 次为 1 组，需反复练习 3 组。

图 2-26　夹球深蹲

4. 捆绑练习

训练动作：双脚并拢，用绳带将两膝关节捆绑住（松紧可根据个人情况而定），双手叉腰做准备动作；然后，屈膝下蹲至极限，速度快慢均可。此动作 10 次为 1 组，需反复练习 3 组。

二、X 形腿矫正

（一）表现和原因

X 形腿又称剪刀腿，医学上称为膝外翻，表现为两侧膝关节并拢时，两足内踝无法靠拢，如图 2-27 所示。X 形腿的形成原因与 O 形腿基本相同，都是由长期缺钙、遗传或长期姿势不良导致的。

图 2-27　X 形腿

（二）矫正方法

1. 正坐压膝

训练动作：正坐于地面，双膝外展，双脚脚掌相对，双手扶在膝关节内侧；然后，身体稍向前倾，同时双手用力向下按压膝关节至最大限度，并保持 5 秒左右，最后还原，如图 2-28 所示。此动作 10 次为 1 组，需反复练习 3 组。

扫一扫
如何自我矫正 X 形腿

2. 深蹲练习

训练动作：双手前平举或抱后脑勺，双脚分开，与肩同宽；臀部下沉，屈膝下蹲到大腿与地面平行，保持 5 秒左右，然后慢慢站起，如图 2-29 所示。此动作 10 次为 1 组，需反复练习 3 组。

图 2-28　正坐压膝

图 2-29　深蹲练习

3. 抬腿控制

训练动作：正坐于椅子上，两腿并拢屈膝，使大腿与小腿的夹角成 90°，两脚夹物并紧，双手放于身后抓住椅背；然后，两膝并紧上提，双脚悬空，两脚踝用力夹紧，保持

3 秒左右，再将双腿向前伸，绷直脚尖，脚尖离地越远越好，如图 2-30 所示。此动作 10 次为 1 组，需反复练习 3 组。

图 2-30　抬腿控制

✈ 三、八字脚矫正

（一）表现和原因

八字脚是指在走路时两脚分开，像个"八"字，一般分为内八字脚和外八字脚两种。内八字脚表现为走路时脚尖相对，脚跟朝外；外八字脚表现则恰恰相反，如图 2-31 所示。

内八　　　　　　外八

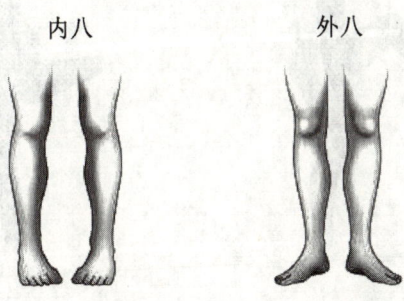

图 2-31　八字脚

八字脚除了影响美观外，还会对膝关节和踝关节产生一定的压力，严重时会导致膝关节疼痛、变形，足内侧塌陷等。其形成的主要原因有先天遗传、幼儿时过早学步或站立、缺钙、长期行姿不良等。

（二）矫正方法

1. 直线走跑练习

训练动作：在地上画一条直线，两脚踩着直线行走或跑步。行走时，应注意膝盖和脚尖都要正对前方，脚跟和脚尖都要踏在直线上，如图 2-32 所示。

图 2-32　直线走跑练习

2．踢毽子练习

训练动作：用脚背内侧连续向上踢毽子，两脚交替进行可纠正外八字脚；相反，用脚背外侧连续向上踢毽子，两脚交替进行可纠正内八字脚，如图 2-33 所示。

图 2-33　踢毽子练习

3．跳台阶练习

训练动作：站于高约 20～30 厘米的台阶上，反复练习从台阶上往下跳的动作。在跳跃时，脚面、膝盖要绷直，脚尖要朝向正前方；落地时，双脚应完全并拢。

四、大腿过粗矫正

（一）表现和原因

标准大腿围度的计算方法为：身高（厘米）×0.293（适用于 20～30 岁），练习者可以参照此标准对大腿围度进行判断。如果腿围乘以 2 后，比臀围多出 10 厘米以上，说明大腿过粗，其形成的主要原因是腿部训练过多致肌肉过于发达，以及腿部缺乏锻炼致皮下脂肪堆积过多等。

（二）矫正方法

1．踢腿练习

训练动作：仰卧于地面，一条腿绷脚向上踢至最大限度，在空中保持 5 秒后慢慢放下，身体的其他部位贴住地面保持不动，如图 2-34 所示；然后换腿，重复上述动作。此动作 10 次为 1 组，需反复练习 3 组。

图 2-34　踢腿练习

2．擦地练习

训练动作：双脚脚跟并拢，脚尖朝前，双手叉腰准备，然后左、右腿交替进行前、侧、后方向的擦地练习各数次，如图 2-35 所示。

图 2-35　擦地练习

3．弓步交换跳

训练动作：双膝弯曲，双脚前后开立成弓步，前腿膝盖不超过脚尖，后腿膝盖接近地面，如图 2-36 所示；然后，双腿用力蹬地向上跳起，跳起的同时双腿在空中交换位置，背部保持挺直，最后以另一条腿在前的弓步姿势落地。此动作 20～30 次为 1 组，需反复练习 3 组。

扫一扫
弓步交换跳

图 2-36　弓步交换跳

任务实施

评选最佳矫正方案

实施步骤：

（1）全班学生分成若干个小组，每组 4～5 人。

（2）教师事先准备好一些不良形体的图片，并分发给各组。各小组成员运用所学知识分析图片中矫正对象的形体情况，找出其存在的形体缺陷。

（3）各组根据矫正对象存在的形体缺陷，为其制定形体矫正方案。矫正方案应包括矫正对象存在的形体问题、矫正训练的时间安排、具体的训练项目等内容。

（4）组内对矫正方案进行讨论、修改，并将最终的方案上交给教师。

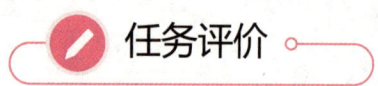
任务评价

教师参照表 2-2 对各组的形体矫正方案进行评价，并从中选出最佳方案在课堂上进行点评。

表 2-2　任务实施评价表

序号	评价内容	分值	教师评分
1	能够正确判断矫正对象下身的形体情况，并找出其形体缺陷	30	
2	能够根据所学知识，并结合矫正对象的实际情况为其正确制定矫正方案，且方案切实可行	40	
3	组员之间配合默契，分工明确，讨论热烈	30	
合　计		100	

民航之声

历史记忆：中国首批空姐的故事

迷人的微笑和优雅的气质，是我国一代又一代空姐的标志。那么，我国最早一批空姐们，是怎样经过训练飞上蓝天的呢？

晕·想当空姐先上转椅

1973年，中国民航进行了规模空前的招飞，120名京、津、沪的应届毕业生成为空中乘务员。通过了严格的政审和体检的毕业生们，接受的最后一项考试是转椅。其中一名空中乘务员说："转椅是不停变换方向转的，一般是半小时，从转椅下来的人都头晕目眩、呕吐不止。"但这只是成为合格空中乘务员的第一步。脚刚着地，考生们就要接受考官的提问，只有准确无误地答出来才算合格。

吐·首次上天由喜变忧

经过一个多月的地面训练，终于可以上飞机训练了，所有人都非常激动，毕竟在那个年代，全国坐过飞机的人都屈指可数。

在飞机上，她们又唱又跳，非常兴奋。唱着唱着，飞机开始了蹲起落科目练习（飞行训练科目之一，飞机做高速降落后再快速拉起）。几个起落下来，女孩子们开始哇哇大吐，最初的兴奋全都没了，甚至有些人开始偷偷抹泪。这时，教员们抓紧时间给她们上了一课：你们上天是为了工作的，不是来享受的。

刻苦的训练磨炼了空中乘务员们的品质。当时的飞机都是小型飞机，飞机上配备的乘务员数量很少。在剧烈的颠簸中，她们常常是自己刚吐完，把嘴擦干净后马上投入到机上服务中。

亲·首飞美国泪洒旧金山

1981年1月7日，民航北京管理局使用波音747型飞机，飞越太平洋，开辟了中美之间的第一条航线：北京—上海—旧金山—纽约。当天上午，首都机场候机楼前彩旗飘扬，候机大厅悬挂着大幅标语，机场各类保障人员一大早就投入到紧张的准备工作中。

当飞机抵达旧金山时，旧金山市政官员举行了隆重的欢迎仪式，美国各报社、电视台对此次开航进行了报道和宣传。有位乘务员回忆说，第一次去唐人街，见到华人特别亲切。"他们问我们是从香港还是台湾来的，我们说是从北京来的，很多老华侨听到后又惊又喜，一下子冲了过来，抓住我们的手失声痛哭，我们也是热泪盈眶，那个场面，直到现在还让我忍不住想流泪。"

任务三　减脂训练

 任务描述

　　民航服务人员的从业要求相当严格，在体态和体重方面都有着较高的标准。但如果民航服务人员一味追求高标准，盲目减脂，则会对身体健康造成损害。因此，如何科学地保持体型、控制体重就成为民航服务人员非常关心的话题。减脂训练可以帮助民航服务人员在保证身体健康的前提下达到保持良好体型的目的，同时还能让其表现出良好的精神状态，从而更好地维持和提升自己的职业形象。本任务将讲解肥胖的原因、衡量标准，以及减脂的基本方法等内容。

 知识讲解

 一、了解肥胖

　　肥胖是指体内脂肪积聚过多而导致的一种状态，一般表现为明显超重与脂肪层过厚等。肥胖除了会使身材走形，影响美观之外，还会损害身体健康。

（一）肥胖的原因

1. 遗传因素

　　遗传是导致肥胖的一个重要因素。研究发现，如果父母体重正常，则子女肥胖的概率为10%左右；如果父母中有一方肥胖，子女肥胖的概率会增至40%～50%；如果父母双方都肥胖，则子女肥胖的概率会增至70%～80%。但是，通过长期运动和合理饮食，遗传性肥胖也是可以控制的。

2. 饮食因素

　　不良的饮食习惯和饮食质量，如贪食、偏食、好吃零食、经常饮酒等，对肥胖也有一定影响。

扫一扫
肥胖的原因

　　（1）贪食。肥胖者一般都有较为强烈的进食欲望，因此他们会摄入大量的食物。而超出自身机体正常需要的食物会转化为热量，热量过多就会导致肥胖。

　　（2）偏食。肥胖者大多比较偏爱甜食和高脂肪类食物，这些食物所含热量较多，极易导致发胖。

（3）零食。零食一般都是油炸、高糖、高盐类食品，它们含有大量的油脂和添加剂，容易导致恶性发胖。

（4）饮酒。酒的主要成分是酒精，而酒精是一种产热能很高的物质。长期或过量饮酒容易导致热量摄取过多，使过剩的热量转变成脂肪存于体内。此外，酒类中还有一些成分能刺激人的消化液分泌，使人食欲增加，从而导致肥胖。

3．运动因素

高科技在现代生活中大量运用，使得人们的运动量日益减少，摄入的营养无法全部消耗，导致能量的摄入与消耗失衡，从而营养过剩造成肥胖。

4．生理因素

进入青春期后，人体生长发育进入一个快速增长期，胃口相对较好，若过于贪食又缺乏运动，热量摄入大于消耗的时候就很容易发胖。

（二）衡量肥胖的标准

1．标准体重计算法

标准体重计算法是指以身高为基础计算标准体重的方法，主要用于与实际体重进行对比。其计算公式为：

男性标准体重＝（身高-80）×70%

女性标准体重＝（身高-70）×60%

其中，标准体重的单位为千克，身高的单位为厘米。

肥胖度是指实际体重超过标准体重的百分比，其计算公式为：

肥胖度＝［（实际体重-标准体重）÷标准体重］×100%

成年人的肥胖度评价标准如表2-3所示。

表2-3 肥胖度评价表

肥胖度	评价
低于20%	消瘦
低于10%	偏瘦
在正负10%之内	正常
高于10%	超重
高于20%～30%	轻度肥胖
高于30%～50%	中度肥胖
高于50%	重度肥胖

例如，某女生身高为165厘米，体重为62千克，那么其标准体重＝（165-70）×60%＝57（千克），肥胖度＝［（62-57）÷57］×100%＝8.7%，所以该女生的体重属于正常。

2．体重指数法

体重指数（BMI）即身体质量指数，是国际上常用的衡量人体胖瘦程度及是否健康的一个标准。其计算公式为：

$$体重指数＝实际体重÷身高^2$$

其中，实际体重的单位为千克，身高的单位为米。例如，某人的身高为 1.75 米，体重为 75 千克，那么其体重指数$＝75÷1.75^2≈24.49$。

扫一扫
BMI 指数

体重指数标准是通过对不同国家或地区群体的大样本进行调研，按照人的年龄、身高等特点，得出的各地区人群的健康标准值。目前我国所用的成人体重指数标准如表 2-4 所示。

表 2-4　中国成人体重指数标准

分类	体重指数
体重过低	<18.5
体重正常	18.5～23.9
超重	24.0～27.9
肥胖	≥28

> **小贴士**
>
> 体重指数是公认的能够较好评估个体是否肥胖的指标之一，在世界各地应用广泛，但它并不适用于所有人。以下人群就不适合用这种方法：① 处于生长期的婴幼儿、儿童；② 肌肉发达者、运动员或正在做重量训练者；③ 孕妇、老人；④ 有水肿、腹水等症状时；⑤ 不易准确测量身高者；⑥ 其他因个体因素影响体重测量者。

3．标准体重指数法

标准体重指数法实质上是体重指数法的逆向推理过程，以理想的体重指数，即女性 20，男性 22 作为标准系数进行计算。其计算公式为：

$$标准体重＝身高^2×标准系数$$

其中，标准体重的单位为千克，身高的单位为米。例如，某女生身高为 1.6 米，标准系数为 20，那么其标准体重$＝1.6^2×20＝51.2$（千克）。

二、减脂基本方法

（一）合理运动

现代人生活节奏快，缺乏锻炼时间是不争的事实。但是只要做个有心人，在日常生活中进行适当的运动，就可以有效改善身体的健康状况，减少肥胖的发生。运动时，肌肉需要消耗大量的热量，使得体内多余的糖分在转变为脂肪前就被消耗了，从而有效减少了脂肪形成的机会。同时，运动还可以使体内脂肪细胞的体积变小，从而达到塑身减脂的效果。此外，适当的运动可以加快血液循环，提高人体新陈代谢，预防、消除疲劳，是防止亚健康的有效途径。

常见的减脂运动有游泳、慢跑、健身操、跳舞等，练习者可以根据自己的实际情况，选择自己适合的运动方式。在运动时，练习者还应合理地安排锻炼时间和锻炼强度。一般来说，每周坚持运动 3～7 次、每次至少持续 30 分钟，中等强度的运动量（稍微感觉疲劳，心率等于最大心率的 60%～70%）就可以了。

（二）调整饮食

影响体重的两个根本因素是热量的摄入和消耗。当热量的摄入等于热量的消耗时称热量平衡，这时的身体状态最佳；当热量的摄入大于热量的消耗时称正向热量平衡，多余的热量会以脂肪的形式存于体内，从而产生肥胖；当热量的摄入小于热量的消耗时称负向热量平衡，体内脂肪分解，容易使人消瘦。所以，想要达到减脂塑身的目的就必须使热量的消耗大于摄入。

蛋白质、碳水化合物和脂肪是人体所需的三大营养素。在减脂期间要想使摄入的热量不超标，就要将这三类营养素控制在较为合理的范围内。具体做法如下：

（1）增加蛋白质摄入量。蛋白质是增肌和燃脂的原料，减肥期间补充足量的蛋白质，既能提升人体的新陈代谢、增加饱腹感，又能避免盲目减脂所造成的皮肤松弛和下垂。因此，减脂期间蛋白质的摄入量应控制在总摄入热量的 30%～35% 为宜。在选择食物时，可选择含蛋白质高的食物，如鱼、虾肉、鸡胸肉、鸡蛋、豆制品、牛奶等。

（2）摄取适量的碳水化合物。碳水化合物是身体的能量来源，能够有效地促进人体新陈代谢，但当它摄入过多时会加速脂肪的合成。因此，减脂期间碳水化合物的摄入量应控制在总摄入热量的 45%～50% 为宜。在选择碳水化合物时，以糙米、藜米、燕麦、全麦等谷物，以及豆类、水果、蔬菜等复合碳水化合物为优，它们富含膳食纤维，饱腹感强，不会造成太多脂肪堆积。

（3）减少脂肪摄入量。高脂肪饮食是造成肥胖的主要原因之一。脂肪进入人体后，一部分通过氧化给身体提供热量，多余的部分便会被人体储存起来。如果吃得太多，机体所摄取的热量超过正常的消耗，脂肪储存量就会增多，从而形成肥胖。因此，减脂期间脂肪的摄入量应控制在总摄入热量的 20% 左右为宜。在选

扫一扫
减脂期间应该吃些什么？

择食物时，可选择一些含不饱和脂肪酸的食物，如各类坚果、深海鱼类等，尽量避开含饱和脂肪酸的食物，如羊、猪等肉类，黄油、椰子油、可可油等。

（三）饮食与运动相结合

1. 运动前

（1）适量补充碳水化合物。运动会消耗体内的热量与水分，含有大量碳水化合物的食物容易被消化，并迅速为身体提供热量。因此，最好在运动前1小时补充适量的碳水化合物，如优酪乳、新鲜水果等，这样不仅可以避免运动后因血糖下降过快而造成的不适症状，有效降低运动后的疲劳感与饥饿感，还可以增加运动的持久性。

（2）选择温热性的食物。在运动前进食一些温热性的食物，如红萝卜、南瓜、洋葱、韭菜、姜、葱等，可以加速脂肪的代谢效率，减少脂肪堆积的数量。

（3）避免食用刺激肠胃的食物，如辣椒、胡椒等，以防止激烈运动造成肠胃不适。

2. 运动后

（1）适量摄入高纤维低GI的食物，如地瓜、苹果等。这类食物能够增加饱腹感，帮助身体燃烧脂肪，并起到降血脂、促进排便的作用。若在运动过后1小时左右食用，能够让塑身效果更加显著。

> **名词解释** ••••••
>
> GI 即血糖生成指数，是衡量食物引起人体血糖升高程度的一项指标，它反映了食物能够引起人体血糖升高多少的能力。
>
> ••••••

（2）及时补充低脂蛋白质。运动后肌肉会释放出受损信息，促使有利于身体健康的营养素，如蛋白质、维生素等，前往进行修复。这时补充蛋白质，有利于肌肉的生成、代谢及修复。

（3）适量摄入碱性食物。运动后人体内的糖、脂肪和蛋白质会被大量分解，并产生乳酸、磷酸等酸性物质，这些酸性物质会刺激人体组织器官，使人感到肌肉发胀、关节酸痛和身体疲劳等。此时食用一些碱性食物，如菠菜、萝卜、土豆、藕、洋葱、海带等，能够消除体内过剩的酸，阻止血液向酸性方向变化，从而帮助身体缓解疲劳。

（4）及时补充水分。运动时身体会流汗，从而丧失许多水分。如果不能及时补充水分，很有可能会出现脱水现象。因此，运动前后都要注重水分的补充。

（四）调整生活方式

1. 保证充足的睡眠

睡眠对于体重的控制有着重要的影响作用。在睡眠过程中，身体积极发挥着新陈代谢的作用，如果睡眠不足，就会导致人体新陈代谢紊乱，使人体消耗的热量减少，久而久之，就会造成脂肪堆积，进而导致肥胖。

2. 调整饮食规律

人体的新陈代谢在一天内的各个时间段是不尽相同的。通常情况下，早晨的代谢功能比下午强，下午又比晚上和夜间强。也就是说，人体每日新陈代谢的最佳时间在早 8 点至 12 点之间，如果在此时间段加餐，热量消耗得比较快，不容易积累脂肪。而晚上 7 点之后，新陈代谢开始变慢，如果在此时进食，大部分热量无法被人体吸收，就可能因代谢消耗的热量减少而导致肥胖。

此外，在人们的一日三餐中，下午进食对体重的影响要比上午大；晚上进食要比上午进食更容易增长体重。因此，晚上进食不能超过一天食量的 30%，而早上进食至少要达到一天食量的 35%。

3. 保持积极健康的心态

减脂是一个漫长的过程，不可能一蹴而就。很多人在减脂过程中总是过于着急，想在短时间内就达到目标体重，或者坚持一段时间后没有看到效果就选择了放弃，这些都会导致减脂失败。在减脂过程中，练习者应该保持积极健康的心态，充分肯定自己每一天的变化，并相信坚持下去就一定会成功。只有循序渐进并长期坚持训练，才能使身体实现量变到质变的飞跃。

⑥ 民航小讲堂

值机的相关知识

所谓值机，就是为旅客办理各种乘机手续，如查验客票、打印登机牌、交运与托运行李，以及对旅客运输不正常的情况进行及时处理等。

一般情况下，航空公司会根据机型规定旅客到达机场办理值机的时间。旅客需了解以下时间规定：

（1）对于 200 个座位以上（含 200 个）的客机，要求旅客在飞机起飞前 120 分钟开始办理值机，在飞机起飞前 30 分钟停止办理。

（2）对于 90～200 个座位的客机，要求旅客在飞机起飞前 90 分钟开始办理值机，飞机起飞前 20 分钟停止办理。

（3）对于 90 个座位以下的客机，要求旅客在飞机起飞前 60 分钟开始办理值机，飞机起飞前 20 分钟停止办理。

在实际工作中，根据机场、航站楼和航班的不同，具体的时间规定会略有差异。

值机的方式有柜台值机、机场自助值机和网上自助值机等，旅客可以根据自己的需要选择值机方式。

（1）柜台值机。柜台值机是国内机场主流的值机形式。旅客可持有效的乘机身份证件和有效的乘机凭证，到机场航站楼的值机柜台办理乘机手续，如图 2-37 所示。

图2-37　柜台值机

（2）机场自助值机。借助机场的自助值机设备（见图2-38），旅客可实现自助值机。旅客通过输入第二代身份证、护照、电子客票等信息，可在值机设备上自行选择座位，值机设备会给旅客打印出登机牌。若有需要托运的行李，旅客要到专设柜台完成行李交运。

图2-38　机场自助值机设备

（3）网上自助值机。旅客可通过登录航空公司网站，进入自助值机页面，完成身份验证和预选座位的操作（见图2-39），并打印A4纸登机牌。旅客需要在飞机起飞前1～12小时登录网站办理值机手续。若有托运行李，则旅客应于登机前在专设柜台完成行李交运，然后以自行打印的A4纸登机牌通过安检并登机。

图2-39　网上自助值机

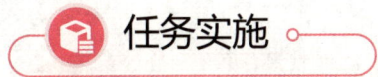

科学制定塑身计划

实施步骤：

（1）表 2-5、表 2-6 是芳芳同学体检表和生活习惯表的一部分内容，请结合表中数据，回答下列问题。

表 2-5　体检表

姓名	年龄	腰围/厘米	体重/千克	身高/厘米
芳芳	16	79	65	160

表 2-6　生活习惯表

运动次数	运动类型	是否爱吃零食、甜食	三餐是否准时	是否吃夜宵	睡眠时间	每天学习时间
两周一次	散步	是	是	是	6~8 小时	9 小时左右

① 芳芳的体重是否标准？

② 根据芳芳的体检结果，结合其生活习惯，判断其形体是否存在问题，并说出判断依据。

（2）有针对性地为芳芳制定一份塑身计划。塑身计划周期为一个月，计划中应包括芳芳每日的作息时间、运动项目、运动时间、饮食种类、饮食数量，以及目标体重等内容。

（3）塑身计划完成后上交给教师。

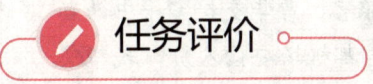

教师参照表 2-7 对每个学生制定的塑身计划进行评价，并从中选出几份在课堂上进行点评。

表 2-7　任务实施评价表

序号	评价内容	分值	教师评分
1	能够通过体重、身高、腰围等身体指标，计算出标准体重，并明确塑身要点	30	
2	能够结合运动、饮食等生活习惯，科学地分析出影响形体的主要因素	30	
3	能够根据所学知识，设计合理的塑身计划，且计划实施性强	40	
合　计		100	

民航之声

微笑服务，真诚待客

　　曹华是首都机场安保公司的一名员工，曾获得首都机场第八届"中国服务之星"荣誉称号。作为一名安检人员，曹华始终秉承微笑服务、真诚待客的理念，迎接每一位出行的旅客，让旅客感受来自首都机场的真情服务。

雪中送炭　彰显真情服务

　　在工作中，军人出身的曹华将军人情怀逐渐转化为主动为旅客服务的情怀，在平凡的岗位上做出了不平凡的贡献。一次，曹华发现一名旅客到达安检口后焦急地四处张望，曹华以为旅客着急登机，便主动向前，指引旅客前往急客通道。可旅客却拉住曹华焦急地说："我的车停在候机楼的路边。我和朋友说好了，他会帮我把车开回去。可朋友因一些事情耽误了时间，现在正在赶往机场的路上。我马上要登机了，怕时间来不及，能不能请你帮我将车钥匙转交给朋友？"其实旅客的请求已经超出了曹华的工作范围，但面对焦急的旅客，曹华还是在获得现场值班科长的同意后，让旅客先去登机，自己帮助旅客联系朋友并将车钥匙交到了旅客朋友的手中。旅客下飞机后主动联系曹华，表示感谢，并赠送他一面锦旗。收到锦旗后，曹华认为这是对他工作的认可，他工作起来更加认真了！

咫尺现场　铺洒爱的故事

　　在工作时，曹华总是面带微笑，用清脆的声音伴随着标准的手势动作，迎接着每位旅客。一天，繁忙的早高峰刚过，曹华正准备下岗去吃早饭，无意中抬头看到扶梯上有一名没有双臂，用嘴叼着登机牌下楼的旅客。曹华交接完手中的勤务用品后，便主动迎向这名旅客，说："您好，我是首都机场安检人员，我帮您拿包吧，您跟我来。"说着便接过旅客的背包和登机牌，带着旅客从无障碍通道过检，并将旅客送到了登机口。待安顿好旅客后，曹华却错过了吃早饭的时间。

　　曹华在工作中总是任劳任怨，无私付出。遇到需要帮助的旅客，他不会思考是否占用了自己的休息时间，更不会思考帮助之后是否有回报，仅仅是帮助旅客这个过程就足以使他感到快乐。他也因此连续三次被公司评为"服务标兵"和"优秀员工"。

项目三

民航服务人员
形体素质训练

📖 **项目导读**

形体素质是指人体在体育活动中表现出来的基本能力，其内容包括身体的柔韧性、力量、耐力、协调性和灵活性等。其中，柔韧性训练、力量训练和耐力训练是形体素质训练中最主要的内容。

通过科学的方法进行形体素质训练，可以有针对性地强化人体的肩、胸、腰、腹、腿等部位的组织机能，提高人体的控制能力、柔韧性及协调性，为塑造良好的个人体态打下基础。

知识目标

- 了解柔韧性训练、力量训练和耐力训练的基本知识。
- 掌握身体各部位柔韧性训练、力量训练和耐力训练的方法。

技能目标

- 能根据所学知识辨别自身的形体素质情况。
- 能运用所学知识进行形体素质训练，提高身体的基本素质。

素质目标

- 培养坚强的意志力，以及不惧艰难、迎难而上、勇于挑战的精神。
- 追求自然之美，塑造线条美和力量美。

任务一 柔韧性训练

 任务描述

　　柔韧性是指人体在运动过程中完成大幅度运动的能力。判断柔韧性是否良好，主要取决于人体各关节的活动幅度，以及韧带、肌肉、皮肤等组织的伸展能力。柔韧性训练是形体素质训练的主要内容之一，它能够加强练习者关节的灵活性，增强其肌肉、韧带等的弹性和伸展能力，并减少运动性损伤。本任务将讲解如何提升身体的柔韧性。

 知识讲解

一、柔韧性训练的基本方法

（一）动力拉伸法

　　动力拉伸法是指有节奏地、速度较快地对身体某个部位反复做伸展性或牵拉性动作练习的拉伸方法，如反臂体前屈、卷腹训练、侧腰伸展等。运用这种方法时用力不宜过猛，动作幅度一般应由小到大。练习者可先做几次小幅度的预备拉伸，再逐渐加大幅度，以避免拉伤。

（二）静力拉伸法

　　静力拉伸法是指缓慢地将身体某个部位的肌肉、韧带等组织拉伸到有一定酸、胀、痛感觉的位置，然后保持此姿势一段时间的拉伸方法，如下前腰抱腿、"青蛙趴"训练、推墙小腿拉伸训练等。这种方法能增强身体柔韧性，有效减少或消除延迟性肌肉酸痛，有助于扩大动作范围并避免在拉伸中受伤。

知识角

柔韧性训练的注意事项

　　（1）柔韧性训练的强度要适宜。柔韧性训练应是缓慢、放松、有节制的练习，要以"酸加、痛减、麻停"为原则控制好运动量。随着柔韧性的不断提高，练习强度可适当加大。

（2）柔韧性训练要全面。不论是准备活动中的伸展练习，还是专门提高身体某个部位柔韧性的练习，都要兼顾到身体各部位的全面发展。因此，在训练过程中，练习的动作要尽量涉及多个相互关联的部位，甚至全身。

（3）柔韧性训练要持之以恒。初次进行柔韧性训练，身体容易产生不适感或酸痛感，需要经过一段时间的练习才能消除。如果因一时的身体不适就暂停柔韧性训练，那么之前已获得的训练效果就会有所消退。因此，柔韧性训练一定要持之以恒才能见效。

（4）柔韧性训练之后应进行放松练习。每次柔韧性训练结束之后，应及时做一些放松练习帮助伸展肌群的放松和恢复。例如，腿部拉伸练习之后，可以做一些屈膝下蹲的动作来放松腿部肌肉。

二、身体各部位的柔韧性基础训练

（一）手臂、肩部柔韧性训练

1. 肩肘拉伸训练

训练动作：双腿自然分开站立，左臂弯曲至脑后，右手握住左臂的肘部，如图3-1所示；然后，向右侧缓缓拉伸，当左侧肩肘有拉伸的感觉后保持15～20秒，再换另一侧重复相同的动作。左右交替，连续做10次为1组，需反复练习3组。

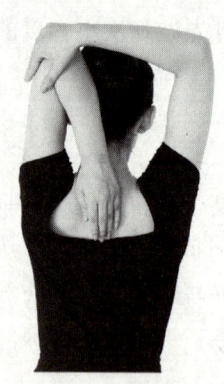

图3-1　肩肘拉伸训练

2. 双手外推训练

训练动作：双腿盘坐，背部挺直，双手交叉相握在胸前，在身体保持不动的情况下，掌心向外并向前直臂拉伸，充分伸展后双手回到胸前，如图3-2（a）所示；也可换为双手向上拉伸进行练习，动作同上，如图3-2（b）所示。此动作10次为1组，需反复练习3组。

图 3-2　双手外推训练

（a）双手向前拉伸；（b）双手向上拉伸

3. 反臂体前屈训练

训练动作：自然站立，双脚打开，与肩同宽，两臂伸直，双手在背后相握；然后，上身前屈，使胸部尽量贴近大腿至最大程度，完成后缓慢起身，如图 3-3 所示。此动作 10 次为 1 组，需反复练习 3 组。

图 3-3　反臂体前屈训练

4. 双人拉伸训练

训练动作一：练习者与辅助者面对面站立，双脚自然分开，双手放在对方肩膀上；然后，两人上身一起前屈，手掌用力在对方的肩部向下振压并保持 15～20 秒，下压的力度可依据对方的身体条件进行调整，完成后缓慢起身，如图 3-4（a）所示。此动作 10 次为 1 组，需反复练习 3 组。

训练动作二：练习者双腿并拢坐于地面，腰背挺直，膝盖伸直，双手向上举；辅助者双手抓住练习者的肘关节处，并用膝盖顶住练习者肩胛骨的中间，然后向后用力，如

图 3-4（b）所示。此动作 10 次为 1 组，需反复练习 3 组。

图 3-4　双人拉伸训练

（二）胸腹部柔韧性训练

1. 挺胸训练

训练动作：坐于地面，双腿并拢、屈膝，双脚踩实，收腹、立腰，双臂伸直放于身后两侧，双手撑地，如图 3-5（a）所示；然后，抬起臀部，胸部向上挺，双肩下压，手脚不离地，如图 3-5（b）所示；保持 15～20 秒后，还原至初始位置。此动作 10 次为 1 组，需反复练习 3 组。

图 3-5　挺胸训练

2. 胸部拉伸训练

训练动作：靠墙站立，双腿成弓步，左腿在前，右手叉腰；左侧肩膀略微耸起，小臂和手掌紧贴墙面，手肘与肩同高，大臂平行于地面，如图 3-6 所示；然后，上身慢慢前移，当左侧胸部感受到牵拉感后保持 15～20 秒，再还原至初始位置。此动作 10 次为 1 组，需反复练习 3 组，之后换另一侧重复相同的动作。

扫一扫
胸部拉伸训练

图 3-6 胸部拉伸训练

3．卷腹训练

训练动作：仰卧于地面，屈膝，双腿分开与肩同宽，双脚踩实，双手轻贴耳侧或环抱于胸；然后起身，下背部与臀部紧贴地面，肩部与上背部卷离地面，如图 3-7 所示；在最高点保持数秒后，缓慢回到初始位置。此动作 10 次为 1 组，需反复练习 3 组。

4．仰卧 90°抬腿训练

训练动作：仰卧于地面，背部紧贴地面，双腿并拢，双臂放于身体两侧；然后，双腿伸直向上抬起，与上身成 90°角，如图 3-8 所示；保持 15～20 秒后，双腿慢慢往下落。此动作 20 次为 1 组，需反复练习 3 组。

图 3-7 卷腹训练　　　　　　　　　　图 3-8 仰卧 90°抬腿训练

5．双腿交替蹬踏训练

训练动作：仰卧于地面，双手枕在脑后，双脚绷直，弯曲双腿，使小腿与地面平行，如图 3-9（a）所示；然后，先蹬出右腿，如图 3-9（b）所示；待右腿回原位后再蹬出左腿，如图 3-9（c）所示；待左腿回原位后再蹬出右腿，如此双腿交替进行。此动作 20 次为 1 组，需反复练习 3 组。

（a）

（b）　　　　　　　　　　　　　　　　　（c）

图 3-9　双腿交替蹬踏训练

（三）腰背部柔韧性训练

1. 下前腰抱腿训练

训练动作：双腿并拢站立，双臂自然下垂；然后，上身前屈，使胸部尽量贴近大腿，同时双臂尽力抱住双腿，如图 3-10 所示；保持 15～20 秒后，还原至初始位置。此动作 10 次为 1 组，需反复练习 3 组。

2. 侧腰伸展训练

训练动作：双腿盘坐于地面，上身保持直立；右侧小臂紧贴地面，左臂紧靠耳侧，伸直上举，并带动上身向右侧弯曲到最大程度，如图 3-11 所示；保持 15～20 秒后，身体慢慢回正，换另一侧重复相同的动作。左右交替，连续做 10 次为 1 组，需反复练习 3 组。

图 3-10　下前腰抱腿训练　　　　　图 3-11　侧腰伸展训练

3. 俯撑后仰训练

训练动作：俯卧于地面，双臂伸直撑地，上身抬起，如图 3-12（a）所示；然后，慢慢地将头向后仰到最大程度，如图 3-12（b）所示；保持 15～20 秒后，还原至初始位置。此动作 10 次为 1 组，需反复练习 3 组。

（a）　　　　　　　　　　　　　　　　　（b）

图 3-12　俯撑后仰训练

4. 后交叉侧屈训练

训练动作：自然站立，双脚打开，与肩同宽，双臂自然下垂；然后，左脚向后交叉到右脚的右后侧，前脚掌着地，右手叉腰，左手上举并带动上身向右侧弯曲到最大程度，如图 3-13 所示；保持 15～20 秒后，身体慢慢回正，换另一侧重复相同的动作。左右交替，连续做 10 次为 1 组，需反复练习 3 组。

5. 双人腰背训练

训练动作：练习者跪立于地面，辅助者面对练习者站立并扶住其腰部；然后，练习者向后甩腰，手臂夹在耳朵两侧，并尽量向后、向下伸直，如图 3-14 所示；保持 15～20 秒后，还原至初始位置，需反复练习 3 组。

图 3-13　后交叉侧屈训练　　　　　　　图 3-14　双人腰背训练

（四）胯部柔韧性训练

1. "青蛙趴"训练

训练动作：俯卧于地面，双腿向身体两侧打开并屈膝，腿部内侧贴地，使上身与大腿的夹角、大腿与小腿的夹角都成 90°；上身向前、向下趴，双臂夹在耳朵两侧，胯部下压尽量贴地，并与两个膝盖保持在同一水平线上，坚持 15～20 秒，如图 3-15 所示。此动作 10 次为 1 组，需反复练习 3 组。

2. 左右摆胯训练

训练动作：自然站立，双脚打开，与肩同宽，身体挺立，双手叉腰；左腿屈膝，身体重心在左腿上，胯向右侧顶出，同时上身向左侧弯曲，左肩下压，如图 3-16 所示；然后，上身回正，右腿屈膝，身体重心移到右腿上，胯向左侧顶出，同时上身向右侧弯曲，右肩下压。左右交替，连续做 10 次为 1 组，需反复练习 3 组。

图 3-15　"青蛙趴"训练

图 3-16　左右摆胯训练

3. 仰卧胯部扭转训练

训练动作：仰卧于地面，背部紧贴地面，双腿屈膝、分开，与肩同宽，双脚踩实，双臂放于身体两侧，如图 3-17（a）所示；然后，双腿向身体的一侧做扭转，再快速扭转到另外一侧，如图 3-17（b）所示。此动作 10 次为 1 组，需反复练习 3 组。

（a）　　　　　　　　　　　　　　　（b）

图 3-17　仰卧胯部扭转训练

4. 双人开胯训练

训练动作：练习者坐于地面，双腿向内屈膝，两脚心相对，双手握住踝关节，辅助者站在练习者身后，双手放在练习者背上并向下压其背部，如图3-18所示；保持15～20秒后，还原至初始位置，需反复练习3组。必要时，辅助者可双脚踩在练习者的双腿上，使其胸、腹、头尽量贴近地面。

需要注意的是，辅助者一定要考虑练习者腿部的承受能力，切不可用力过猛，以免对其造成伤害。

图3-18　双人开胯训练

5. 双人对坐开胯训练

训练动作：练习者与辅助者相对而坐，双腿伸直并尽量打开，两人双脚对齐、紧贴，上身保持端正，双手撑地放于身后，如图3-19（a）所示；然后，练习者与辅助者的身体慢慢向内靠拢，两人双手放在对方背上并尽量向里拉，同时双脚尽量向外打开，如图3-19（b）所示；保持15～20秒后，还原至初始位置，需反复练习3组。

（a）　　　　　　　　　　　　　　　　（b）

图3-19　双人对坐开胯训练

（五）腿部柔韧性训练

1. 大腿拉伸训练

训练动作：上身直立，腹部收紧，左腿跪于地面，右腿向前迈一大步，使小腿与大腿的夹角成 90°；然后，右手扶在右膝上，左手向后抓住左脚脚踝，将左侧小腿拉向臀部，如图 3-20 所示；当左侧大腿有拉伸的感觉后保持 15～20 秒，再还原至初始位置。此动作 10 次为 1 组，需反复练习 3 组，之后换另一侧重复相同的动作。

扫一扫
大腿拉伸训练

图 3-20　大腿拉伸训练

2. 推墙小腿拉伸训练

训练动作：在距墙一臂的位置站立，双手分开与肩同宽，并置于墙上；然后，右腿向前成弓步，双脚踩实，脚尖朝向正前方；双手推墙，上身向前倾，左腿膝关节伸直，并尽量往后伸展，如图 3-21 所示；当左侧小腿有拉伸的感觉后保持 15～20 秒，再换另一侧重复相同的动作。左右交替，连续做 10 次为 1 组，需反复练习 3 组。

图 3-21　推墙小腿拉伸训练

3. 地面旁压腿训练

训练动作：坐于地面，右腿向右侧伸直，绷脚，脚面与膝盖朝上；左腿屈膝贴于地面，并尽量靠近身体，左右两腿尽量开胯，双手放于体侧，如图 3-22（a）所示；然后，左手上举，带动上身向右侧弯曲，并尽力去贴右腿（注意左腿不可离地），保持 15～20 秒后身体回正，如图 3-22（b）所示。此动作 10 次为 1 组，需反复练习 3 组，之后换另一侧重复相同的动作。

（a）　　　　　　　　　　（b）

图 3-22　地面旁压腿训练

4．前韧带训练

训练动作：练习者双腿并拢坐于地面，上身直立，双臂上举；然后，上身缓缓向下压，尽量贴于双腿，双手抱住双脚；辅助者将双膝顶在练习者背部，双手按住其肩部向前下方施力，如图 3-23 所示；保持 15～20 秒后，还原至初始位置，需反复练习 3 组。

图 3-23　前韧带训练

（六）脚部柔韧性训练

1．转脚腕训练

训练动作：坐于地面，上身挺直，收腹、立腰，双腿并拢、伸直，绷脚，双手放于身体两侧，如图 3-24（a）所示；然后，右腿稍微向上抬起，右脚沿顺时针方向转动脚腕片刻，再沿逆时针方向转动片刻，如图 3-24（b）所示；完成后放下右腿，换左腿重复上述动作。此动作 10 次为 1 组，需反复练习 3 组。

（a）　　　　　　　　　　　（b）

图 3-24　转脚腕训练

2. 跪姿后倾压脚踝训练

训练动作：跪坐于地面，上身挺直，双手放于身体后侧并撑地，指尖可朝向身体或朝向外侧，双腿并拢；然后，双膝夹紧抬起，上身向后倾，使身体的重量压住双脚脚踝上，如图 3-25 所示；保持 10～15 秒后身体回正。此动作 10 次为 1 组，需反复练习 3 组。

扫一扫
跪姿后倾压脚踝训练

图 3-25　跪姿后倾压脚踝训练

3. 双臂前伸压脚踝训练

训练动作：身体直立，右腿向前成弓步，左腿向后拉伸并用脚背着地，双臂贴近双耳向前伸直，双手相叠；然后，身体向前，脚踝向后尽量拉伸，如图 3-26 所示；保持 15～20 秒后换另一侧重复相同的动作。左右交替，连续做 10 次为 1 组，需反复练习 3 组。

图 3-26　双臂前伸压脚踝训练

柔韧性训练展示

实施步骤：

（1）全部学生分为三组，组内选定一人为组长。

（2）各组组长组织小组成员进行柔韧性训练，然后每组推选出三名成员参加比赛。

（3）各组代表轮流进行展示，每组至少做三个部位的柔韧性训练动作的展示，如肩部、腰背部与腿部柔韧性训练动作，且训练动作中应包含动力拉伸法和静力拉伸法。

（4）教师对每个小组成员代表的表现做出评价，并进行打分。

（5）比赛结束后，教师公布比赛结果，并做总结发言。

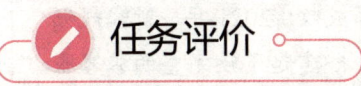

教师参照表3-1对学生的任务实施情况进行评价。

表3-1　任务实施评价表

序号	评价内容	分值	教师评分		
			成员1	成员2	成员3
1	身体柔韧性较好，关节较灵活，训练动作舒展、到位	40			
2	训练动作能够兼顾多个身体部位，促使身体柔韧性得到均衡发展	30			
3	训练方法采用动静结合，训练强度适中	30			
合　计		100			

✈ 民航之声

政策引领，提升服务——民航服务质量标准明确

　　2021年9月1日，《公共航空运输旅客服务管理规定》（以下简称新客规）正式开始施行。随之同步实施的还有《公共航空运输旅客服务质量管理体系建设指南》（以下简称《建设指南》），它首次对航空公司和机场的服务质量管理进行了系统性地规范和指导，成为落实落地新客规的"左膀右臂"。

　　民航局运输司相关负责人说，新客规的出台，通过明确各方权责关系，进一

步提升了民航服务工作的法制化水平。而《建设指南》的出台，通过推动服务供给侧改革，使有益的管理措施、管理经验体系化、制度化，将有力地推进民航服务质量管理的规范化水平，同时也将成为行政机关履行服务质量监管职责的有效抓手。

据悉，2015年，民航局正式提出"真情服务"工作要求，全行业就开启了探索服务质量管理工作的征途。自2016年开始，连续6年开展服务质量提升专项行动，每年一个主题，一年一个台阶。

2017年，我国出台《航班正常管理规定》，将航班正常和航班延误后服务工作纳入法制化轨道；2018年，我国出台首部全面指导民航服务质量的纲领性文件——《关于进一步提升民航服务质量的指导意见》；2019年，民航局开通12326民航服务质量监督电话，让旅客找得到门、找得到人、找得到答案；2020年，无纸化便捷出行、行李全流程跟踪等多项便民举措取得显著成效；2021年，新客规颁布实施，投诉、举报、信息备案等配套文件相继出台，搭建起了较完整的旅客服务质量管理框架……各类积极有益的探索都有效提升了服务管理能力，提高了旅客服务水平。

任务二　力量训练

任务描述

力量是指身体或身体某部位的发力能力，一般通过肌肉的收缩和舒张表现出来。力量训练可以增强人体各部位肌肉的力量，提高身体的协调性、控制力和灵活性。本任务将讲解如何增强身体力量。

知识讲解

✈ 一、力量训练的基本方法

（一）动力性力量练习法

动力性力量练习法是指肢体产生位移，肌肉在收缩和放松的交替过程中长度发生变化的力量练习方法，如单杠引体向上、仰卧推举、负重跳跃、杠铃蹲起等。动力性力量练习不仅能有效发展肌肉力量，而且还能改善神经肌肉的协调能力。

（二）静力性力量练习法

静力性力量练习法是指肢体不产生明显的位移，肌肉在用力时长度不发生变化的力量练习方法，如吊环十字悬垂、双杠倒立、举杠铃保持一段时间等。静力性力量练习不仅能够使神经细胞保持较长时间的兴奋，有助于提高神经细胞的工作能力，还能有效发展肌肉的绝对力量和克服疲劳的能力。

在实际的力量训练中，通常会把动力性力量练习法和静力性力量练习法相结合，以使肌肉在张弛交替的过程中更好、更快地增加力量。

二、身体各部位的力量基础训练

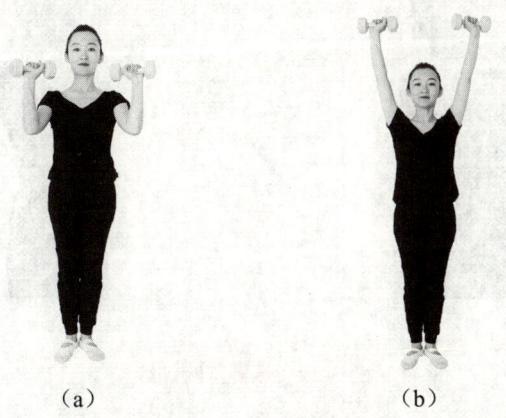

扫一扫
哑铃手臂、肩膀力量训练

（一）手臂、肩部力量训练

1. 站立上推举训练

训练动作：双腿并拢站立，挺胸，立背，双臂屈肘放于胸部两侧，双手各持一哑铃，掌心朝外，如图 3-27（a）所示；然后，双臂尽力向上推举到最大程度，如图 3-27（b）所示；保持 15～20 秒后回到初始位置。此动作 20 次为 1 组，需反复练习 3 组。

（a）　　　　　　（b）

图 3-27　站立上推举训练

2. 弯举训练

训练动作：双腿自然分开，与肩同宽，挺胸，立背，双臂充分伸展置于体侧，双手各持一哑铃，掌心朝外，如图 3-28（a）所示；然后，大臂保持不动，小臂向上抬起，屈肘将哑铃举至胸前，如图 3-28（b）所示。此动作 20 次为 1 组，需反复练习 3 组。

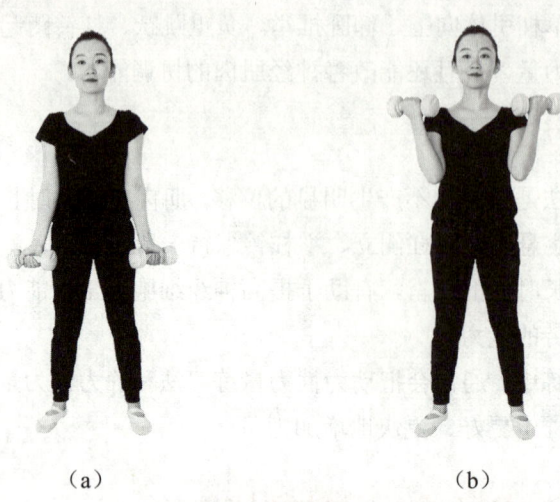

（a）　　　　　　　　　　（b）

图 3-28　弯举训练

3．直臂扩胸训练

训练动作：站立或坐立，挺胸，立背，双手各持一哑铃，直臂前平举，掌心相对，如图 3-29（a）所示；然后，双臂同时向两侧水平扩展成侧平举，如图 3-29（b）所示。此动作 20 次为 1 组，需反复练习 3 组。

（a）　　　　　　　　　　　（b）

图 3-29　直臂扩胸训练

4．屈臂提拉训练

训练动作：双腿自然分开，挺胸立背，双臂充分伸展置于体前，双手各持一哑铃，掌心朝内，如图 3-30（a）所示；然后，双臂用力向上屈肘提拉，将哑铃提升至胸部，如图 3-30（b）所示。此动作 20 次为 1 组，需反复练习 3 组。

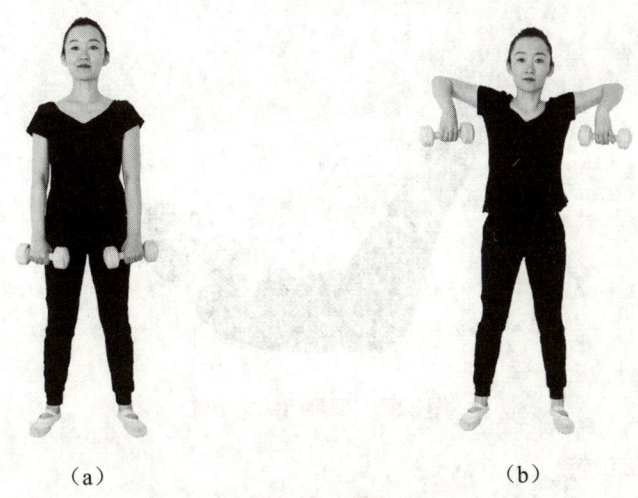

（a）　　　　　　　　　　　　　（b）

图 3-30　屈臂提拉训练

5. 颈后屈伸训练

训练动作：双腿并拢站立，挺胸立背，双臂上举，双手各持一哑铃，掌心相对，如图 3-31（a）所示；然后，双臂向颈后屈伸到最大程度，并保持手臂和身体在一条直线上，如图 3-31（b）所示。此动作 20 次为 1 组，需反复练习 3 组。

（a）　　　　　　　　　　　　　（b）

图 3-31　颈后屈伸训练

（二）胸腹部力量训练

1. 仰卧两头起训练

训练动作：仰卧于地面，绷脚，双腿并拢、上举，然后上身抬起到最大程度，双臂尽量向双脚的方向伸展，并和双腿保持平行，保持 15～20 秒后回归原位，如图 3-32 所示。此动作 20 次为 1 组，需反复练习 3 组。

图 3-32　仰卧两头起训练

2．起双腿交叉训练

训练动作：仰卧于地面，双手放于身体两侧，双腿并拢、伸直，绷脚；然后，双腿同时抬起，与地面成 30°或 40°夹角，坚持数秒后双腿交叉，如图 3-33 所示；连续交叉 15 次后双脚落回地面，此为 1 组，需反复练习 3 组。

图 3-33　起双腿交叉训练

3．侧卧卷腹抬腿训练

训练动作：右侧卧于地面，头部微微上抬，右臂向前伸直并紧贴地面，左手放在左耳后，双腿伸直，如图 3-34（a）所示；然后，左腿与上半身同时抬起，身体用力向左侧卷腹，尽量拉近左手肘与左大腿之间的距离，以左侧腹部有明显的挤压感为宜，如图 3-34（b）所示；左腿抬起到最大程度后缓慢下放。此动作 15 次为 1 组，需反复练习 3 组，然后换另一侧重复相同的动作。

扫一扫
侧卧卷腹抬腿训练

（a）

（b）

图 3-34　侧卧卷腹抬腿训练

4. 单腿屈腿两头起训练

训练动作：仰卧于地面，双臂贴于耳侧并向上伸直，掌心相对，双腿并拢，屈膝，双脚脚跟着地，脚尖朝上，如图 3-35（a）所示；然后，右腿与上身同时抬起，右侧小腿与大腿的夹角成 90°，上身尽量卷腹，双臂用力向前伸，置于右侧小腿两侧，如图 3-35（b）所示；完成后还原至初始位置，换另一侧重复相同的动作。左右交替，连续做 15 次为 1 组，需反复练习 3 组。

（a）　　　　　　　　　　　　　　　　　（b）

图 3-35　单腿屈腿两头起训练

5. 双腿双臂交叉训练

训练动作：仰卧于地面，双腿并拢，绷脚，双臂贴于耳侧并向上伸直，如图 3-36（a）所示；然后，右腿和左臂同时抬起，左手指尖尽量触及右脚脚尖，并带动上半身离开地面，如图3-36（b）所示；保持15～20秒后，还原至初始位置，换另一侧重复相同的动作。左右交替，连续做15次为1组，需反复练习3组。

（a）

（b）

图3-36　双腿双臂交叉训练

（三）腰背部力量训练

1. 俯卧对角伸展训练

训练动作：俯卧于地面，双臂向前伸直，双腿向后拉伸；然后，收紧腹部和臀部，保持颈部、脊柱成一条直线，慢慢抬高右手和左腿到最大程度，如图3-37所示；保持15～20秒后，还原至初始位置，换另一侧重复相同的动作。左右交替，连续做15次为1组，需反复练习3组。

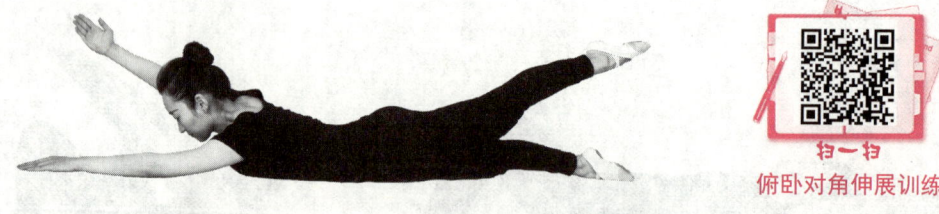

扫一扫
俯卧对角伸展训练

图3-37　俯卧对角伸展训练

2. 俯卧两头起训练

训练动作：俯卧于地面，双臂向前伸直，双腿向后拉伸；然后，收紧腹部，头部、双臂和双腿同时向上抬起，保持15～20秒，如图3-38所示。此动作15次为1组，需反复练习3组。

图 3-38　俯卧两头起训练

3. 仰卧腰背训练

训练动作：仰卧于地面，双腿并拢、屈膝，双脚踩实，双手放在身体两侧并贴于地面，如图 3-39（a）所示；然后，抬起臀部，将身体向上翻，使双腿膝盖尽量靠向头顶，在半空保持该动作数秒，如图3-39（b）所示。此动作10次为1组，需反复练习3组。

（a）　　　　　　　　　　　　　　　　　（b）

图 3-39　仰卧腰背训练

4. 反弓背训练

训练动作：练习者俯卧于地面，双臂向后伸出，辅助者跨立于练习者膝关节两侧，如图 3-40（a）所示；然后，辅助者拉紧练习者双手，将其拉起，使其上身离开地面成最大反弓背，如图3-40（b）所示；保持30秒左右后，慢慢回归原位，反复练习10次。

需要注意的是，在训练过程中，练习者要始终保持挺胸、抬头，用力向后弯腰，同时尽量使髋部不离开地面。

（a）　　　　　　　　　　　　　　　　　（b）

图 3-40　反弓背训练

5. 侧曲腰背训练

训练动作：练习者右侧卧于地面，右臂紧贴地面并向头部上方伸直，掌心向下，左臂向斜上方伸直，双腿伸直，保持身体成一条直线；辅助者面向练习者，跨立于其膝关节两侧，如图3-41（a）所示；然后，辅助者双手用力拉伸练习者的左臂，使其身体成侧曲形态，同时练习者的右臂侧平举，如图3-41（b）所示；保持20秒后，两人慢慢归于原位；连续做15次，之后换另一侧重复相同的动作。

需要注意的是，练习者在训练过程中应始终保持抬头、挺胸、立背的形态，不要屈髋。为了更好地帮助练习者完成动作，辅助者可用两腿夹住练习者的双膝，并将身体稍向后倾。

（a）　　　　　　　　　　　　　　　　　　　（b）

图3-41　侧曲腰背训练

（四）臀部力量训练

1. 跪姿侧抬腿训练

训练动作：双腿并拢跪于地面，大腿与小腿的夹角成90°，双臂垂直于地面并撑地；然后，左膝离地，在保持大腿与小腿垂直的同时，将左腿慢慢向外侧抬起至左侧大腿与上身垂直，如图3-42所示；保持15～20秒后，还原至初始位置，换另一侧重复相同的动作。左右交替，连续做20次为一组，需反复练习3组。

图3-42　跪姿侧抬腿训练

2．侧卧蚌式开合训练

训练动作：左侧卧于地面，双腿屈膝并拢，左臂自然弯曲放于头部下方，右臂撑地放于体前，如图 3-43（a）所示；然后，双脚保持并拢，右膝带动右腿向外打开到最大程度后缓慢下放，如图 3-43（b）所示。此动作 15 次为 1 组，需反复练习 3 组，然后换另一侧重复相同的动作。

扫一扫
仰卧蚌式开合训练

（a）

（b）

图 3-43　侧卧蚌壳开合训练

3．分腿蹲训练

训练动作：双腿前后分开站立，左腿保持直立，右腿脚尖置于椅子上，腰背挺直，双手叉腰或置于脑后，如图 3-44（a）所示；然后，身体下蹲，左腿变成弓步，膝关节不超过脚尖，右腿膝关节向地面方向下移，如图 3-44（b）所示。此动作 15 次为 1 组，需反复练习 3 组，然后换另一侧重复相同的动作。

（a）

（b）

图 3-44　分腿蹲训练

4. 单腿硬拉训练

训练动作：双腿微微分开站立，腰背挺直，双臂自然下垂；然后，将身体重心移至右腿，微屈右腿，背部保持挺直并慢慢向前俯身，同时左腿慢慢向后抬起，双臂垂直于地面下拉，当上半身与左腿保持在一条直线上，且与地面平行时起身还原，如图 3-45 所示。此动作 15 次为 1 组，需反复练习 3 组，然后换另一侧重复相同的动作。

图 3-45　单腿硬拉训练

（五）腿部力量训练

1. 侧弓步蹲训练

训练动作：双腿自然分开，双脚与肩同宽，双臂向前伸直或双手空握于胸前；然后，左腿向左侧跨出一步，脚尖朝向正前方，缓慢下蹲成弓步，保持腰背挺直，右腿伸直，如图 3-46 所示；当左侧大腿与地面平行时，左脚用力把身体顶起，恢复站立姿势，换另一侧重复相同的动作。左右交替，连续做 15 次为 1 组，需反复练习 3 组。

2. 地面后踢腿训练

训练动作：双腿并拢跪于地面，大腿与小腿的夹角成 90°，双臂垂直于地面并撑地；然后，右侧大腿发力，脚背绷起带动右腿快速向后上方伸直踢出，如图 3-47 所示；完成后还原至初始位置，换另一侧重复相同的动作。左右交替，连续做 15 次为 1 组，需反复练习 3 组。

图 3-46　侧弓步蹲训练

图 3-47　地面后踢腿训练

3. 蹲跳起训练

训练动作：双腿自然开立，双脚平行，屈膝半蹲或深蹲，两臂自然后摆，如图 3-48（a）所示；然后，双腿迅速蹬伸并向上跳起，使髋、膝、踝三个关节充分伸直，同时两臂迅速有力地向前上方摆动，如图 3-48（b）所示；落地时，前脚掌先着地，然后过渡到全脚掌着地，并屈膝缓冲。此动作 20 次为 1 组，需反复练习 3 组。

（a）　　　　　　　　　　　　　　　　　（b）

图 3-48　蹲跳起训练

4. 单腿上抬训练

训练动作：左腿屈膝置于凳子上，保持小腿与凳面垂直，右腿立于地面上，如图 3-49（a）所示；然后，左腿发力，右腿用力蹬地抬起，双臂可叉腰或适当摆动，使右脚稳稳落在凳子上，双腿膝盖保持弯曲，如图 3-49（b）所示；完成后还原至初始姿势。此动作 15 次为 1 组，需反复练习 3 组，然后换另一侧重复相同的动作。

需要注意的是，训练中所用的凳子不要太高，高度与膝盖持平即可。

（a）　　　　　　　　　　　　　　　　　（b）

图 3-49　单腿上抬训练

5. 椅上哑铃训练

训练动作：坐在椅子上，后背直立，双手放在两腿上，双膝并拢，双腿微抬，将哑铃放于脚面上，如图 3-50（a）所示；然后，将小腿上抬至双腿伸直，如图 3-50（b）所示；保持数秒后慢慢回落。此动作 10 次为 1 组，需反复练习 3 组。

（a）　　　　　　　　　　　　　　　　　　（b）

图 3-50　椅上哑铃训练

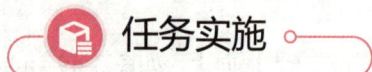 **任务实施**

设计力量训练课

实施步骤：

（1）全班学生分成若干个小组，每组 4～5 人。各组针对力量训练的训练顺序与训练方法展开讨论。

（2）各组根据讨论结果，设计一节力量训练课，并将训练课的方案以 PPT 的形式呈现。

（3）各组将最终的课程方案上交给教师。

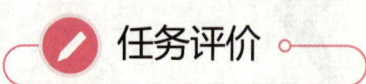 **任务评价**

教师参照表 3-2 对各组设计的课程方案进行评价，并从中选出最佳课程在课堂上进行点评。

表3-2　任务实施评价表

序号	评价内容	分值	教师评分
1	能够遵循科学、合理的原则安排训练顺序，同时兼顾身体各部位的肌肉群，使它们都能得到锻炼的机会	35	
2	训练方式多样、新颖，并能做到动静结合，训练强度适中	35	
3	组员之间配合默契，分工明确，讨论热烈	30	
合　计		100	

 民航之声

努力付出铸就蓝天梦

在大多数人的印象中，民航空乘服务人员都衣着光鲜、优雅美丽或大方帅气，可以在全国乃至全世界"飞来飞去"。然而，如果想成为一名合格的空乘服务人员，要经历的辛苦却是常人无法想象的。

辛苦：咬筷子头顶书，每天都要练

对于这些怀揣着空姐或空少梦想的学生来说，形体礼仪训练是基础训练，也是最为重要的训练之一。其中，咬筷子、头顶书便是他们几乎每天都会练习的内容。学生们要咬住30厘米的筷子，同时保持嘴角上扬，展示自然而有亲和力的微笑，身体一动都不能动。

"别以为咬筷子很简单，需要很长时间的练习才能达到标准。而学会用眼睛微笑，才是最高的境界。"系主任高晶笑着说。不少学生在课后也会坚持练习。优雅的服饰和姣好的面容下，是他们年轻、倔强、不服输的心。"

重复：上千次重复一个枯燥动作

"你这个动作还是不够标准，再来一遍。""你这样做不行，动作要这样才正确。"航空服务系老师齐帅负责学生们的体能训练。为练好一些基本功，有些基础动作常常要重复上千次。"很多时候我们的训练是枯燥的，有些孩子还不够有定性，经常喊苦喊累，所以训练时要采用各种激励式的方法引导他们。很多孩子都问我，为什么总要重复这些看似没什么用的动作。我就告诉他们，只有练好体能，打好基础才能成为一名合格优秀的空乘。"齐帅说。

安全：熟练掌握安全设备并模拟场景

"很多人认为空姐、空少只要长得漂亮，服务态度好一些就可以。其实，他们还承担着确保机上乘客旅途中的安全与舒适、指导乘客使用机上的安全设备、在紧急情况下组织乘客逃离飞机等责任。"客舱服务老师武建平说。

在课上，他拿出了飞机上常用的几套安全设备，教学生如何使用救生衣、氧气罩等。"掌握这些设备的使用方法是极为重要的，因为只有你熟练应用了，才能更好地教给乘客，为他们服务，这关系着大家的生命安全，不能有丝毫马虎。"武建平说。随后，他还模拟了飞机安检和客舱内经常会遇到的几种情况，让学生一起完成模拟任务。

　　学习：要掌握多门外语提高专业能力

　　"现在的空乘人员要求很高，必须掌握多门外语，而且良好的口语在航空服务当中起着至关重要的作用。虽然我们的课程是以实训课为主，理论课为辅，更注重学生实际操作能力的培养，但是也非常重视各项文化课。学习文化课可以让学生具备基本的专业知识，提高专业素养。"韩语老师洪延美说。

　　"飞机上经常会遇到外国人，所以掌握几门外语真的很重要，每种文化课我都会认真听的。"一名学生说。

　　收获：女孩在两万多名选手中获冠军

　　2016年4月10日，"西航天使杯"中国空乘招募大赛总决赛在成都举行。该学校派出的5名参赛选手中，贺欣欣在总决赛中荣获了冠军，阳兵卓获得了全国十佳，祝彩煦和赵桐则获得了全国50强的好成绩。

　　贺欣欣告诉记者，她从小就想当空姐。可是她刚到学校时只是一名普通的女孩，对空乘一无所知。在这两年多的学习中，她挺住了上千分钟的专业强化训练，让自己的眼睛学会了"微笑"，熟练掌握了各项安全技能，做到了"能文能武"，最终获得了全国冠军。

　　选择航空服务专业的学生都怀着成为空姐和空少的梦想，可是想真正成为一名空乘服务人员，需要付出不懈的努力和辛勤的汗水。

任务三　耐力训练

📖 任务描述

　　耐力是指人体在长时间的运动中对抗疲劳的能力。合乎规律的耐力训练能够促进机体的新陈代谢，有效燃烧机体脂肪，因此是塑造完美形体的重要手段之一。本任务将讲解如何加强身体的耐力水平。

知识讲解

 一、耐力训练的基本方法

（一）持续训练法

持续训练法是指在相对较长的时间里（不少于 30 分钟），以较为恒定的练习强度持续进行练习的训练方法。持续训练具有连续刺激机体的作用，能较好地利用体内的储备能量，并有助于发展有氧耐力。

名词解释 ●●●●●●

　有氧耐力，又称有氧能力，是指机体在氧气供应充足的条件下长时间运动的能力。

●●●●●●

持续训练法的基本要素包括练习的方式、时间与强度。在练习方式固定的情况下，练习的时间与强度可做相应调整。如果练习强度大，练习时间可适当缩短；如果练习强度小，练习时间可适当延长。

（二）重复训练法

重复训练法是指在不改变练习内容、形式、强度和时间等因素的条件下，多次重复同一练习，且每次（组）练习都必须在机体完全恢复的情况下进行的训练方法。重复训练法每次训练的负荷量和强度可大可小，练习者可以根据具体的任务、目的而定。

由于重复训练法的强度稳定、模式固定且能通过重复练习不断巩固训练效果，因此能够对练习者的身体形成多次刺激，从而加速其适应训练的过程。同时，该训练法既有利于发展有氧耐力，又有利于发展无氧耐力。

 名词解释 ●●●●●●

　无氧耐力是指机体在缺氧状态下，长时间对肌肉收缩供能的工作能力。

●●●●●●

（三）间歇训练法

间歇训练法是指在一次（组）练习之后，严格控制间歇时间，在机体尚未完全恢复的情况下就进行下一次（组）练习的训练方法。在实际训练时，如果间歇训练的持续时间短，则训练强度大；如果间歇训练的持续时间长，则训练强度小。

间歇训练法因对机体的刺激强度较大，能有效促进身体的新陈代谢。

（四）变换训练法

变换训练法是指在变换各种因素的条件下反复进行练习的训练方法。由于耐力训练较为枯燥，采用变换训练法可以在一定程度上提高练习者的训练兴趣与积极性，从而提升训练效果。

变换训练法所变换的因素一般包括练习形式、练习时间、练习次数、练习条件、间歇时间与运动负荷等。例如，进行全身各部位的耐力训练时，可以不断变换运动负荷的强度；学习新的技术动作时，可以变换训练方法，负荷量宜适度；在进行大运动量的耐力体能训练之后，应变换训练环境和训练内容，使练习者的心理和身体都得到及时调整和休息；等等。采用变换训练法时，应坚持循序渐进的原则，各种因素的变换一开始不能太突然，以免机体因不能快速适应而受伤。

（五）游戏与比赛训练法

游戏与比赛训练法是指运用游戏与比赛的方式进行练习的训练方法。这种训练方法内容丰富、形式新颖，可以有效地活跃训练氛围，激发练习者的主动性。

需要注意的是，由于这种方法很容易激发练习者的训练热情，所以一定要掌握好运动负荷，以免练习者因过于兴奋和体力消耗过大而造成机体损伤或机体工作能力下降。

二、身体各部位的耐力基础训练

（一）手臂、胸腹训练

1. 平板支撑训练

训练动作：俯卧于地面，双肘弯曲并支撑在地面上，双脚前脚掌着地，身体离开地面，躯干伸直，头部、肩部、胯部和踝部保持在同一平面上，腹部收紧，眼睛看向地面，保持均匀呼吸，如图3-51所示。每组保持30秒，反复练习3次，间歇时间不超过20秒。

图3-51　平板支撑训练

2. 俯卧撑训练

训练动作：俯卧于地面，双手支撑身体，双臂伸展垂直于地面，双腿并拢向身体后方伸展，双脚前脚掌着地，依靠手臂和脚尖的力量使身体保持在一条直线上，如图 3-52（a）所示；然后，肘部向身体外侧弯曲，收紧腹部，身体向地面靠拢，直至肩部与肘部成一水平线，持续 1 秒钟后还原至初始位置，如图 3-52（b）所示。此动作 10 次为 1 组，需反复练习 3 组。

（a）　　　　　　　　　　　（b）

图 3-52　俯卧撑训练

3. 仰卧起坐训练

训练动作：仰卧于地面，双腿屈膝并拢，臀部、后腰、背部、肩胛骨、两肩均与地面完全贴合，手臂屈肘，双手托头，手肘尽量往地面下压，充分打开胸廓，如图 3-53（a）所示；然后，收紧腹部，上身向上卷起至与地面成 45°夹角，再还原至初始位置，如图 3-53（b）所示。此动作 10 次为 1 组，需反复练习 3 组。

（a）　　　　　　　　　　　（b）

图 3-53　仰卧起坐训练

（二）腰背训练

1. 背阔肌拉伸训练

训练动作：练习者俯卧于地面，身体挺直，双手交叉放于身后，肘关节打开；辅助者跪坐在练习者的脚边，并用双手按住练习者的脚踝，如图 3-54（a）所示；然后，练习者抬头挺胸，上身快速用力抬起，如图 3-54（b）所示；当上身抬起到最大程度时，再慢慢还原至初始位置。此动作 10 次为 1 组，需反复练习 3 组。

（a）

（b）

图 3-54　背阔肌拉伸训练

2. 臀桥训练

训练动作：仰卧于地面，双腿屈膝，双脚踩实与肩同宽，两臂放在身体两侧，如图 3-55（a）所示；然后，双肩撑地，臀部向上抬起，臀大肌用力收紧，如图 3-55（b）所示；当臀部抬到最大程度时保持数秒，再慢慢还原至初始位置。此动作 10 次为 1 组，需反复练习 3 组。

扫一扫
臀桥训练

（a）

（b）

图 3-55　臀桥训练

3．侧平板支撑训练

训练动作：右侧卧于地面，屈右臂，使大臂与小臂的夹角成 90°，小臂紧贴地面支撑身体，左手叉腰，双腿伸直并拢，如图 3-56（a）所示；然后，右侧臂肘用力撑起身体，髋部离地抬起，双腿保持伸直状态，直至身体形成一条直线，如图 3-56（b）所示；保持数秒后，髋部慢慢降低，还原至初始位置。此动作 10 次为 1 组，需反复练习 3 组，之后换另一侧重复相同的动作。

（a）　　　　　　　　　　　　　　　　　（b）

图 3-56　侧平板支撑训练

4．引体向上训练

训练动作：双手正握（掌心向前）单杠，距离略宽于肩，双脚脚跟离地，身体自然下垂伸直，如图 3-57（a）所示；然后，用背阔肌的收缩力量将身体往上拉起，当下巴超过单杠时稍做停顿，静止 1 秒，使背阔肌彻底收缩，如图 3-57（b）所示；再逐渐放松背阔肌，让身体徐徐下降，直到恢复完全下垂。此动作 10 次为 1 组，需反复练习 3 组。

在训练过程中，可以弯曲膝关节，将两小腿向后交叉，使身体略微后倾，从而更好地锻炼背部肌肉；也可以在腰上钩挂杠铃片进行负重练习。

（a）　　　　　　　　　　　　　　　　　（b）

图 3-57　引体向上训练

（三）腿部、脚部训练

1．单腿平衡训练

训练动作：自然站立，上身挺直，双手叉腰；右腿提膝抬至胯部高度，如图 3-58（a）所示；然后，向前伸直右腿，脚绷直，如图 3-58（b）所示；保持数秒后，慢慢放下右腿，换左腿重复相同动作。左右交替，连续做 10 次为 1 组，需反复练习 3 组。

　　　　（a）　　　　　　　　　　　　　　　　（b）

图 3-58　单腿平衡训练

2．高抬腿训练

训练动作：自然站立，上身挺直，收腹挺胸，双腿快速交替抬起至略高于髋部位置；抬起时，大腿与小腿应尽量折叠，脚跟接近臀部，同时双臂随着抬腿节奏有力地在身体两侧前后摆动，如图 3-59 所示。每 50 次为 1 组，需反复练习 3 组。

图 3-59　高抬腿训练

3．跳绳训练

（1）热身练习。慢跳 30 秒或跳 30 下，再逐步延长练习时间至 3 分钟左右。

（2）双脚跳绳。双脚并拢，上跳时膝盖微屈，落地时前脚掌着地，手腕做弧形摆动，如图 3-60 所示。连续跳 100 次为 1 组，需反复练习 3 组，组与组之间休息 1 分钟。

（3）单脚屈膝跳绳。右腿屈膝抬小腿，左脚踮脚尖，单脚跳 10～15 次后换右腿重复相同动作，如图 3-61 所示。左右交替一次为 1 组动作，需反复练习 3 组，组与组之间休息 30 秒。

（4）双臂交叉跳绳。双脚跳绳，当绳子过头顶后两手交叉（交叉点为两小臂中点，并紧贴腹部肚脐处），绳子打地之前双脚跳过绳子，如图 3-62 所示；跳过交叉的绳子后，双手快速恢复原状，再双脚跳绳 3 次，此为一组动作。连续跳 20 组，熟练后可逐步增加组数。

扫一扫
双臂交叉跳绳

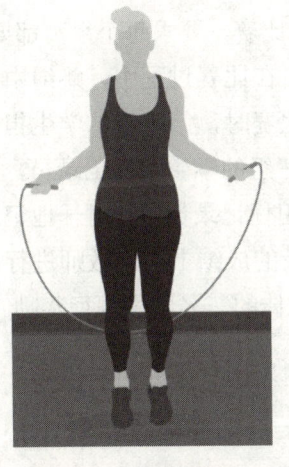

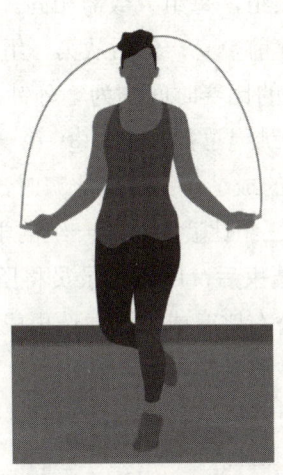

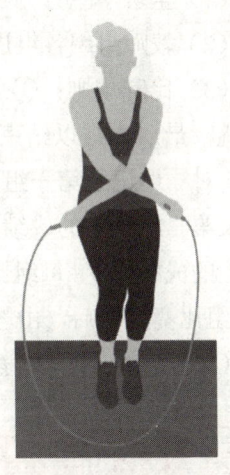

图 3-60　双脚跳绳　　　　图 3-61　单脚屈膝跳绳　　　　图 3-62　双臂交叉跳绳

4. 中长跑训练

中长跑通常是指 800～10 000 米的跑步项目，其动作要领如下。

（1）起跑。中长跑采用站立式起跑，分为"各就位"和"鸣枪"两个阶段。①"各就位"阶段。两腿前后开立，两膝弯曲，一脚在前，全脚掌着地，脚尖紧贴起跑线，另一脚在后，脚尖着地；上体前倾，与前脚同一侧的手臂放于体侧，另一侧的手臂放于体前；身体重心落于前脚，目视前下方 3～5 米处，保持稳定姿势。②"鸣枪"阶段。听到枪声后，两脚用力蹬离地面，两臂用力摆动，使身体快速向前冲出。

（2）加速跑。冲出起跑线后，两臂应用力加速摆动，摆幅加大；步长加大，步频加快。

（3）途中跑。加速跑 25～30 米后，进入途中跑阶段。途中跑需要保存体力，应保持匀速，不要跑得过快或过慢，腿和双臂的动作幅度不应太大。

（4）终点跑。终点跑的距离需根据自己的体力情况和临场情况而定，一般为到达终点前的 100～200 米。在终点跑阶段，应上体前倾，两臂用力加速摆动，大腿抬高向前迈步，频率加快；距终点线约一步时，上体急速前倾，用胸部或肩部触压终点线，跑过终点。

（5）中长跑的呼吸。中长跑体力消耗大，对氧气的需求量较大，因此呼吸时要有一定的频率和深度，并与跑步的节奏相配合，一般为 2～3 步一呼，2～3 步一吸。随着疲劳的出现，呼吸的频率会有所增快，此时应注意深呼气，以充分呼出二氧化碳，吸进大量新鲜氧气。

 ## 任务实施

跳绳比赛

实施步骤：

（1）全班学生分为三个大组，每组人数需相同。

（2）教师组织各组进行赛前热身，然后从第一组开始比赛，要求每个组员都要参与。

（3）比赛规则：① 每组的比赛时间均为 1 分钟。② 在比赛过程中，跳绳中断可以继续跳，最后成绩以结束时的跳绳总数为准。③ 第一组比赛时，第二组的学生担任记录员，一对一地记录第一组学生的成绩；第二组比赛时，第三组的学生担任记录员，一对一地记录第二组学生的成绩；第三组比赛时，第一组的学生担任记录员，一对一地记录第三组学生的成绩。④ 每组比赛结束后，所有记录员将所记录的成绩上交给教师进行汇总。⑤ 三组比赛完毕后，由教师公布比赛成绩，并选出成绩最佳的三名学生进行奖励。

（4）活动结束，由教师做总结性发言。

 ## 民航之声

秦克英：蓝天之上谱华章

秦克英是航空公司一名资深客舱经理，也是一位有着丰富教学经验的资深教员。42 年的飞行生涯，42 载的民航之路，她用空乘的视角见证了中国民航从成立到改革，从发展到壮大的变化，也感受到了中国从民航大国逐渐向民航强国奋发前进的艰辛历程。

那一年的花开岁月，她穿上军装，走进民航

1979 年 5 月，正在读书的秦克英听说成都管理局七大队第四飞行中队要来学校招收空中乘务员的消息后激动不已。当时，15 岁的秦克英与另外 6 名女同学通过了面试、体能测试及政审后，穿上了军装，走进了民航。

秦克英执飞的第一个航班是从昆明到北京。"那还是个驻外航班，头一天一大早从昆明起飞，首先经停武汉，再到石家庄，最后落地北京。到达北京的时间是当天下午 4 点左右。"说起第一次执飞的这班首都航线，秦克英的记忆依然深刻。

眼神坚定，她是旅客心中的"定心丸"

一步步从乘务员走向乘务长再到客舱经理，秦克英坦言用一个"定"字形容了乘务长这个客舱管理者的作用。

2016 年 5 月的一天，秦克英执行飞昆明至北京航班。飞机下降进近时，受到天气的影响，飞机复飞了。此时，坐在 31C 座的旅客脸色突然变了，双手紧握着座椅两侧的扶手，身体还有些微微发抖。"我当时正在观察客舱情况，突然发现这位旅客神情紧张地看着我，眼神里带有焦虑。我立即给他做了手势，传递给他我们是安全的信息，他才稍稍缓和一些。"飞机平稳后，秦克英立即来到了这位旅客身边，一边把一块热毛巾递给他，一边继续安慰他。旅客事后感激地说道："当时如果不是那名乘务长给我指示，我真的差点挺不过去。她那坚定的眼神和临危不乱的职业手势，让我感到很安心。"

所有乘务员的"秦妈"

从 1985 年担任教员至今，秦克英带出的徒弟已经不计其数，徒弟们都爱叫她"秦妈"。"在'秦妈'身上，你能看到一种责任感，一种传承感，她愿意把她多年的经验和所学无私地传授给每一位学生，并希望她的学生也能带着这份传承影响到更多人。"从教 36 年来，'秦妈'带过的学生已经在民航各企业担任着不同岗位上的重要角色。纵然职位不同，但在她们身上，你都能看到'秦妈'所留下的影响。

任务四　前庭耐力训练

任务描述

前庭耐力是民航服务人员必备的特殊身体素质之一，它是民航服务人员在飞行中对连续颠簸、摇晃、翻滚等运动的耐受能力。良好的前庭耐力是民航服务人员完成飞行服务任务的重要保障。本任务将讲解前庭耐力的相关知识，以及如何提升身体的前庭耐力。

 **知识讲解**

 一、前庭耐力

前庭耐力是指人在前庭器官受到刺激时，对神经冲动所引起的机体的各种前庭反应的耐受能力。前庭器官是人体运动状态和空间位置的感受器，它在维持人体的正常姿势和身体平衡方面起着重要作用。当人的空间位置发生改变、进行旋转运动，或者直线运动发生速度变化时，就会刺激前庭器官中的感受细胞，这些感受细胞会把刺激信息传送到相应的神经核及小脑，促使人产生相应的感受并作出反应。

例如，一辆正常行驶的公共汽车突然刹车时，车里站着的人大多都能很快控制住自己的身体，不至于摔倒。这就是因为前庭器官在刹车的一瞬间受到了刺激，给人体传递了信息，从而帮助人体及时调整了姿势，保持了身体的平衡。

名词解释 ••••••

神经冲动，是指人体内的神经细胞受到刺激后，兴奋以电信号的形式在神经纤维上进行传导的过程。

前庭反应是指前庭器官受到刺激后所作出的各种条件反射和自主性神经功能的改变。例如，在乘电梯时，如果电梯突然上升，人的腿会屈曲；如果电梯突然下降，人的腿会伸直。

••••••

每个人的前庭耐力是不同的。有些人的前庭器官过度敏感、耐力差，很容易在乘坐交通工具时出现晕车、晕船等现象。由于工作环境的特殊性，要求飞行员、空乘等民航服务人员必须具备良好的前庭耐力，这样才能保证任务的实施质量。例如，当飞机起降、夜航，或者在飞行中受到气流、复杂气象等因素的影响而发生颠簸、摇晃、翻滚时，很多旅客都会出现脸色苍白、烦躁、头晕、呕吐、大汗淋漓等情况。这时，空乘人员良好的前庭耐力可以让其保持清醒的头脑和快速反应的能力，以便及时帮助旅客解决困难和处理客舱内发生的其他意外情况。

知识角

前庭器官的构造与功能

前庭器官是由内耳中的椭圆囊、球囊和半规管组成的一种感觉器官，如图3-63所示。椭圆囊位于前庭的后上方，为一个微扁而略长的椭圆形囊。球囊又称球形囊，位于椭圆囊前方，呈扁平梨状。半规管由前半规管、后半规管和外半规管三个相互垂直的环状管组成，连结内耳与前庭。其中，前半规管、后半规管又称垂直半规管，外半规管又称水平半规管。

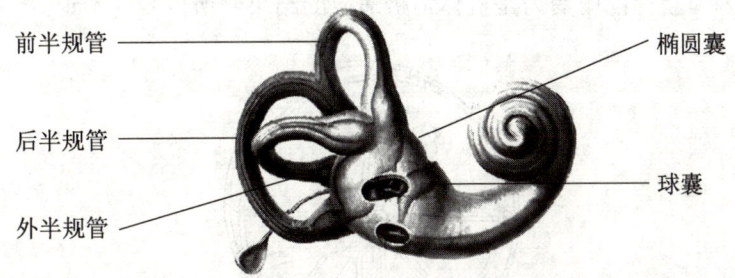

前半规管

椭圆囊

后半规管

外半规管

球囊

图 3-63　前庭器官构造

椭圆囊和球囊的功能是感受头部空间位置的变化和直线的变速运动。头部处于正常位置时，耳石与椭圆囊和球囊上的毛细胞之间有一种平衡的压力关系。当头部的空间位置发生改变或躯体做直线变速运动时，由于重力和惯性的作用，耳石膜与毛细胞的相对位置都会发生改变，使得毛细胞顶部的纤毛发生弯曲，倒向某一方向而产生神经冲动。这种信息传入前庭神经核后，能反射性地引起肌张变化，从而使身体得以维持平衡。

半规管的功能是感受旋转变速运动。以水平半规管为例，当机体开始向左旋转时，左侧水平半规管的内淋巴因惯性而压向壶腹部（半规管一端膨大的部分），此处毛细胞的静毛（较短的纤毛）倒向动毛（较长的纤毛）一侧，导致神经冲动增加；与此同时，右侧水平半规管内淋巴的压力作用方向刚好相反，其毛细胞的动毛则会倒向静毛一侧，导致神经冲动减少。人脑通过两耳水平半规管传入信号的不同，可以判断人体旋转运动的方向和状态。此外，由于三个半规管是互相垂直的，人体在接受不同平面和不同方向的旋转变速运动刺激时，可以产生不同的运动觉和位置觉，引起姿势反射，因此人在旋转时也可以维持身体的平衡。

二、前庭耐力的训练方法

（一）被动训练法

被动训练法是指借助各种加速旋转的器械（如离心机、转椅、固定滚轮等），使人体被动地感受旋转和速度变化，以提高人的前庭耐力的方法。例如，将练习者的手脚呈十字形固定在固定滚轮上，然后旋转滚轮进行训练，如图 3-64 所示；让练习者坐在转椅上，头部前倾约 30°，然后转动转椅进行训练；等等。由于视觉在人的体位和平衡发生改变时都会产生作用，因此在训练过程中，练习者应睁眼和闭眼交替进行，并按规定做头部的前俯、后仰、右倾和左倾等动作。需要注意的是，进行被动训练时，练习者应根据自身情况合理地安排运动量，训练幅度不宜过大，并应遵循循序渐进的原则，逐步提高难度。

被动训练的优点是旋转速度与训练时间可以控制，便于掌握运动量，效果比较明显；缺点是通过训练所获得的耐受力是机体消极适应的结果，所以容易消退。

图 3-64　固定滚轮训练

 拓展阅读

揭秘航天员选拔

作为探索太空的开路先锋，航天员需要具有崇高的献身精神、一流的学识水平、非凡的工作能力、良好的心理素质和健康的身体条件。因此，航天员的选拔标准极高，可谓"千万里挑一"。所有参与航天员选拔的人都必须接受"特检"，即特殊功能检查，包括超重耐力、耐低氧能力、前庭耐力、下体负压和头倒位等各种耐力测试，以及超常规的心理检查等。

在众多的选拔测试中，前庭耐力是非常重要的测试项目，主要采用转椅、电动秋千、离心机等器械进行测试，以检验航天员前庭植物神经反应的稳定性。在转椅测试和电动秋千测试中，航天员需要忍受 15 分钟的剧烈转动或晃动才算合格，而普通人最多一分钟就会晕倒。在载人离心机测试中，航天员不仅要练习各种抗负荷动作，还需要准确判断信号、回答提问等。

这是真正的"魔鬼"测试。人类第一个飞上太空的苏联航天员加加林曾这样描述他所经历的"特检"："他们借助各种生化的、生理的、脑电的和心理的方法，以及特别的功能试验，在各种空气非常稀薄的压力舱内检查我们，在离心机上旋转我们。所有这一切用了几周的时间，淘汰了不少同伴……"

最终成功通过所有测试的人，才能真正成为航天员。同时，成为航天员后，这些测试也不会停止。航天员需要常年进行训练，以发掘身体的潜在能力，维系和提高自己的航天生理功能，随时准备接受航天任务的检验。

（二）主动训练法

主动训练法是指不借助器械，只通过各种身体动作进行旋转训练的方法。主要包括转头操、前滚翻、后滚翻、立转、地转、仰转、对转训练等。

1. 转头操训练

训练动作：头部依次做左右摇头、前俯后仰、顺时针旋转、逆时针旋转等动作，如图 3-65 所示。

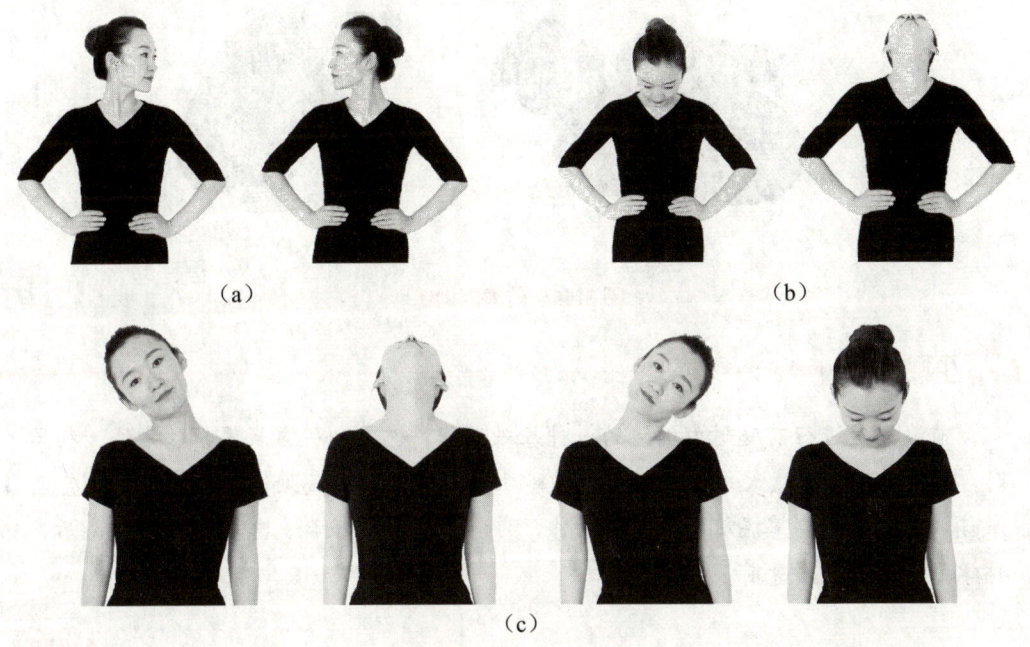

（a）　　　　　　　　　　　　　　　（b）

（c）

图 3-65　转头操训练

（a）左右摇头；（b）前俯后仰；（c）顺时针旋转

> **🎬 小贴士** •••••••
>
> 做转头操时，头动的频率一般为每秒 1～2 次，每种动作需做 50 秒，每做 25 秒可休息 5 秒。每天早晚各做一次，每次做两遍，坚持 3～6 天可见成效。

2. 前滚翻训练

训练动作：蹲撑，低头含胸，如图 3-66（a）所示；然后屈臂、提臀、收腹，头部贴近地面，两脚用力蹬地，身体重心前移，团身向前滚翻，头的后部先着地，接着肩部、背部、臀部依次着地，如图 3-66（b）所示；注意背部着地时，应迅速屈小腿，上身与腿部靠紧，双手抱小腿，如图 3-66（c）所示；臀部着地时，应迅速团身成蹲姿，如图 3-66（d）所示。

（a）　　　　　　　　　　（b）

（c）　　　　　　　　　　（d）

图 3-66　前滚翻训练

小贴士 ······

　　前滚翻是进行前庭耐力训练的一种基础动作，也是一种自我保护的方法。初学时，练习者可在斜度大约 10°～15° 的坡地上进行训练，由高处向低处滚翻。进行前滚翻训练，首先要掌握前后滚动的动作，再学习团身前滚翻。掌握团身前滚翻后，再学习两腿蹬直团身前滚的动作。

······

3. 后滚翻训练

　　训练动作：蹲撑，低头含胸，如图 3-67（a）所示；然后，双手用力推地，双脚用力蹬地，身体后倒，团身向后滚翻，臀部、背部、肩部、头的后部依次着地，如图 3-67（b）所示；当肩部着地时，双手应迅速撑地，上身与腿部靠紧，如图 3-67（c）所示；在双脚着地的瞬间，应迅速抬头，双手撑地，团身成蹲姿，如图 3-67（d）所示。

（a）　　　　　　　　　　（b）

（c）　　　　　　　　　　　（d）

图 3-67　后滚翻训练

后滚翻强化训练

1. 蹲撑团身抱腿练习

训练要领：由蹲撑姿势开始，臀部靠近脚跟，两腿尽量弯曲使膝关节靠近肩关节处，双手紧紧抱住小腿，使身体团成球状。

2. 仰卧团身抱腿练习

训练要领：仰卧于地面，做团身抱小腿动作，姿势同蹲撑团身抱腿的姿势，要求身体团得圆而紧。

3. 团身抱腿前后滚动练习

训练要领：由蹲撑姿势开始，身体成团身抱腿姿势向后倒，并向后滚动，臀部、背部、肩部依次着地，紧接着用肩部、背部、臀部依次着地向前滚动，最后以蹲撑姿势结束。

4. 团身抱腿向后滚动翻臀练习

训练要领：在团身抱腿前后滚动练习的基础上进行练习，当身体向后滚动时，加入提膝、翻臀的动作，并使膝关节尽量靠近脸部，然后再向前滚动，最后以蹲撑姿势结束。

5. 团身抱腿向后滚动翻臀双手撑地练习

训练要领：在团身抱腿向后滚动翻臀练习的基础上进行练习，在做提膝翻臀动作时，加入一个双手在肩关节上方撑地的动作，以掌握后滚翻过程中双手撑地的时机和方法。

6. 斜坡后滚翻练习

训练要领：在斜度 10°～15° 的坡地上，借助倾斜的坡面由高处向低处做后滚翻动作。需要注意的是，在进行此练习之前，一定要做好头部的准备活动。

4．立转训练

训练动作：双臂侧平举，双脚分开，与肩同宽，双眼平视前方，然后在原地快速旋转（方向不限）5～10 圈后停止，如图 3-68 所示。

5．地转训练

训练动作：双腿并拢站立，左手抱住右臂的肩关节处，上身向前俯压，右臂伸直下垂，右手食指指向地面，然后在原地快速向右旋转 5～10 圈后停止，如图 3-69 所示。之后换另一侧练习。

图 3-68　立转训练

图 3-69　地转训练

6．仰转训练

训练动作：身体正直，双腿并拢站立，左臂伸向斜上方，与地面成 45°夹角，右臂侧平举，头部微微上仰，目光注视左手指端，如图 3-70 所示；然后，在原地快速旋转 5～10 圈后停止，之后换另一侧练习。需要注意的是，在旋转过程中两腿不能弯曲，眼睛要始终盯住指端。

7．对转训练

训练动作：两人相对站立，双脚并拢，脚尖相对，紧握对方的双手，各自的身体略向后仰，然后一起用小碎步在原地向左或向右旋转，如图 3-71 所示。

图 3-70　仰转训练

图 3-71　对转训练

民航小讲堂

旅客行李分类

根据运输责任的不同，旅客的行李可以分为托运行李、自理行李和随身携带行李三种。

1．托运行李

托运行李是指旅客交由承运人负责照管和运输，并填开行李票的行李。托运行李每件限重 50 公斤，体积不能超过 40×60×100（厘米），超过此规格的行李为"大件行李"，需要到大件行李柜台办理行李托运。重要文件资料、外交信贷、汇票、贵重物品、易碎物品，以及其他需要专人照管的物品，不得夹入行李托运。

2．自理行李

自理行李是指经承运人同意，由旅客带入客舱自行照管的行李。自理行李限重 10 公斤，体积不能超过 20×40×55（厘米），超出此规格的行李需办理托运。贵重物品、易碎物品、外交信贷等特殊物品可以作为自理行李，由旅客带入客舱内。

3．随身携带行李

随身携带行李是指经承运人同意由旅客自行携带乘机的零星小件物品。每位旅客免费随身携带的行李以 5 公斤为限。其中，持头等舱机票的旅客每人可以随身携带 2 件行李，每件行李的体积不能超过 20×40×55（厘米）；持公务舱或经济舱机票的旅客每人可携带 1 件随身行李，行李的体积不能超过 20×40×55（厘米）。超过上述重量、件数或体积的，应作为托运行李托运。

任务实施

抗眩晕操测试

实施步骤：

（1）教师做好测试场地的准备工作，在地板、草地或地面平整、质地较软的场地上画一条 10 米长的直线。

（2）学生两两一组，共同完成测试。

（3）每组学生依次完成下列动作：① 5 个双腿连续纵跳；② 在垫子上做 5 组仰卧左右侧滚；③ 在垫子上做连续做三组前滚翻和后滚翻；④ 做 10 圈地转；⑤ 和同伴一起做 10 圈对转；⑥ 在无任何帮助的条件下，沿直线行走 10 米。

（4）测试要求：受测学生应严格按照动作规范，在规定的时间内完成所有动作。

（5）教师应认真观察每组受测学生的测试情况及身体状况，并做好相应的记录。

任务评价

教师参照表3-3对每名学生的测试表现进行评价，并做总结性发言。

表3-3　抗眩晕操测试评价表

前庭耐力敏感度	评价标准
0度	能顺利直行10米，无不良反应
1度	能行走10米，但不能完全沿直线行走，有轻微头晕、恶心、颜面苍白、微汗等反应
2度	不能沿直线行走10米，有明显的头晕、恶心、呕吐、颜面苍白、大汗淋漓、肢体震颤、精神萎靡等反应

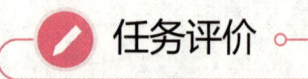 **民航之声**

王亚平：飞天梦永不失重

中国空间站首位女航天员，中国在轨驻留时间最长的女航天员，中国首个出舱的女航天员，这些新晋头衔让王亚平备受关注。多个"首"字称号，将会是王亚平身上永远不会被磨灭的标签。而这些标签，是王亚平付出了常人无法想象的努力与汗水换来的。

2003年，航天员杨利伟实现中国人千年飞天之梦。也是在那一年，一颗"飞天"的种子在女飞行员王亚平的心里种下了，她立志要做那个向太空挑战的第一个中国女航天员。

加入航天员队伍之后，王亚平才发现光鲜灿烂的时刻只是惊鸿一瞥。在航天员的职业生涯中，只有准备飞行和飞行两种状态，更多的是面对数十年如一日枯燥艰苦的训练和一次次严酷的挑选。

超重耐力训练中，在高速旋转的离心机里，她要承受8个G的重力加速度，面部扭曲变形，时常感到呼吸困难，甚至连眼泪都甩了出来；救生训练中，不管是野兽出没的丛林，还是风沙漫天的沙漠，或是大浪滔天的海洋，她都能从容面对；体能强化训练中，3 000米考核，她比满分标准还提前了3分钟。

在颇具挑战性的出舱活动水下训练中，王亚平身着水下服，在10米深的水下，克服水的阻力和服装40千帕的压力，不断调整身体姿态，完成攀爬、操作等各种动作，持续水下工作五六个小时。饿了只能忍着，痒了痛了没法挠。男航天员在水下坚持多久，王亚平同样坚持多久。

"每练完一次，技术上又进步了，离梦想又近了一步，"王亚平说，"成为航天员后，我做了很多以为自己做不到的事，这种成就感是无与伦比的。"

　　2021年10月16日，王亚平和神舟十三号飞行乘组的另外两名航天员翟志刚、叶光富搭乘载人飞船奔赴中国空间站，首次挑战长达6个月的太空之旅。在出征之前，王亚平说："我期待着再次飞上太空，享受那种失重的神奇和美妙感受，期待在我们的中国空间站和大家一起迎新年，过不一样的除夕。"

项目四

民航服务人员
形体基础综合训练

📖 **项目导读**

在进行形体训练的过程中，除了基本姿态训练和体能素质训练外，还可以借助瑜伽、健美操等形式进行形体基础综合训练。通过活力四射的健美操与刚柔并济的瑜伽练习，练习者可以提升身体控制力与动作表现力，发展肢体的协调性与灵活性，从而逐渐形成健美的体形和健康的体魄。

🌐 **知识目标**

- 了解健美操的相关知识，掌握健美操基本动作和步伐的训练方法。
- 了解瑜伽的相关知识，掌握瑜伽的调息方法和基本动作的训练技巧。

💻 **技能目标**

- 能运用所学知识进行健美操训练，提高身体的协调性和肌肉力量。
- 能运用所学知识进行瑜伽训练，提高身体的柔韧性。

🔷 **素质目标**

- 培养积极乐观的心态，树立健康生活的观念。
- 培养勇于挑战、不畏困难、积极进取、精益求精的意志品质。

任务一　健美操训练

任务描述

健美操是一项深受广大群众喜爱的，集体操、舞蹈、健身、娱乐于一体的有氧运动，具有较强的普及性、较高的艺术性、强烈的节奏性及广泛的适应性等特点。本任务将主要讲解健美操的基本动作训练，以及无冲击步伐、低冲击步伐和高冲击步伐等健美操的基本步伐的训练。

知识讲解

一、健美操概述

健美操是一项以有氧运动为基础，以健、力、美为特征，以增进健康、塑造形体和娱乐身心为目的的体育运动。它既是一种大众健身方式，又是一种竞技运动项目。

健美操可以分为健身健美操和竞技健美操两大类。其中，健身健美操以健身为目的，动作简单易学，适合不同年龄层次的练习者练习，如热身健美操、形体健美操、节奏健美操等。竞技健美操以体育竞技为目的，注重规则性，训练强度大、消耗多，如男子单人健美操、女子单人健美操、混合双人健美操、3 人健美操（混合或同性别）、6 人健美操（混合或同性别）等。

知识角

健美操的起源与发展

健美操的起源可以追溯到两千多年前。古希腊人对人体美的崇尚举世闻名，他们认为在世界万物中，只有健美的人体才是最匀称、最和谐、最有生气和最完美的。因此，古希腊人采用舞蹈体操的形式进行人体美的锻炼，并且提出了"体操锻炼身体，音乐陶冶精神"的主张，这为健美操的形成与发展奠定了基础。

20 世纪 60 年代初，美国太空总署的医生库帕博士根据宇航员所处的特殊环境和对宇航员身体的特殊要求，设计了一套体能训练，这也是健美操的雏形。1969 年，杰姬·索伦森综合体操和现代舞的部分理念和动作，创编一套简单易学的体能练习动作，并称之为"健美操"，很快就受到了大众的欢迎。一些名人也非常喜爱健美操这项运动，其中最著名的是美国影视明星简·方达。她认为健美操不仅可以锻炼身体，还可以帮助自己保持良好的身材，并经常和普通大众分享自己练习健美操的经验。在她的影响下，世界各地迅速掀起了"健美操热"，各种健身俱乐部如雨后春笋般地建立起来并得到了蓬勃发展。1985年，美国正式举办了健美操锦标赛，确定了健美操的竞赛规则，健美操开始向更为专业的方向发展。

20世纪80年代，我国健美操也开始飞速发展。1984年，北京体育学院率先成立了健美操教研组，研究出了适合青少年练习的"青年韵律操"，并在各个高校推广。同时，根据原国家教委（现教育部）对我国青少年体育教学的要求，健美操项目被列入了学校的体育教学大纲之中，成为我国各级各类学校体育课和课外活动中一项重要的教学内容。

健美操在我国民间也得到了良好的发展。1987年，我国第一家健美操健身中心在北京建立，并向社会开放。此后，在上海、广州等地又相继出现了各类健美操培训班。1992年9月，中国健美操协会在北京成立，促使我国的健美操运动步入了一个有组织、有计划的发展新时期。

二、健美操基本动作训练

（一）基本手形训练

1. 掌形

（1）并掌：五指伸直并拢，大拇指微屈，指关节贴于食指旁，如图4-1所示。

（2）开掌：五指充分张开并伸直，如图4-2所示。

（3）立掌：手掌直立，五指并拢且关节自然弯曲，如图4-3所示。

（4）空心拳：四指卷曲，大拇指指腹压住食指、中指的指尖，呈空心拳状，如图4-4所示。

 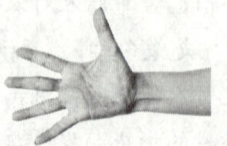 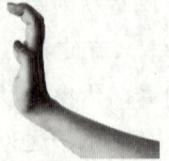 

图4-1　并掌　　　　　图4-2　开掌　　　　　图4-3　立掌　　　　图4-4　空心拳

2. 指形

（1）剑指：食指和中指并拢伸直，拇指、无名指和小指内收，拇指贴于无名指的末关节，如图 4-5 所示。

（2）响指：拇指、食指与中指相捏，无名指与小拇指屈握，拇指与中指、食指摩擦后，中指击打大拇指指根部肌肉发出响声，如图 4-6 所示。

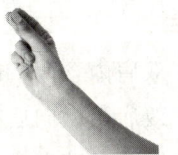

图 4-5　剑指　　　　　　　　　　图 4-6　响指

（二）手臂动作训练

（1）臂屈伸：双臂上臂固定，肘屈伸，如图 4-7 所示。

（2）屈臂提拉：双臂由下举提至胸前平屈，如图 4-8 所示。

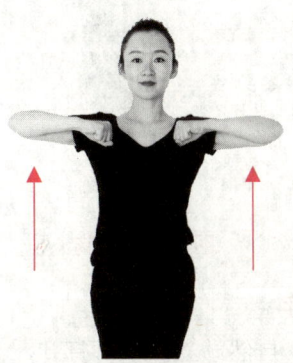

图 4-7　臂屈伸　　　　　　　　　图 4-8　屈臂提拉

（3）直臂提拉：双臂由下举提至前平举或侧平举，如图 4-9 所示。

（4）冲拳：双臂由腰间冲至某位置，如向前冲拳、向上冲拳，如图 4-10 所示。

（5）自然摆动：双臂屈肘前后摆动，可同时摆动或依次摆动，如图 4-11 所示。

图 4-9　直臂提拉　　　　图 4-10　冲拳　　　　图 4-11　自然摆动

（三）躯干动作训练

躯干是健美操动作中最富表现力的部位，躯干练习主要包括胸部动作、腰部动作和髋部动作。

1. 胸部动作

（1）含胸：双肩内含，胸部内收，如图 4-12 所示。

（2）展胸：双肩微微向后打开，挺胸外展，如图 4-13 所示。

（3）振胸：胸部急速做内含和外展的弹振性动作。要求振动迅速，幅度明显，富有弹性。

图 4-12　含胸　　　　　　　　图 4-13　展胸

2. 腰部动作

（1）腰屈：自然站立，双脚打开，与肩同宽；下身保持不动，上身以腰为轴做前屈、后屈和侧屈等运动，如图 4-14 所示。前屈时幅度应尽量大一些，侧屈时应注意上身不要前倾，背部保持挺直。

图 4-14　腰屈

（2）转腰：自然站立，双脚打开，与肩同宽；双脚保持不动，上身以脊椎为轴扭转，做腰部的左、右转动，如图4-15所示。

图4-15　转腰

3．髋部动作

（1）顶髋：自然站立，双脚打开，与肩同宽；一侧腿支撑并伸直，另一侧腿屈膝，用力将髋关节向水平方向顶出，上身保持正直。左、右顶髋如图4-16所示。

（2）提髋：自然站立，双脚打开，与肩同宽；一侧腿支撑并伸直，另一侧腿脚尖点地，用力将髋关节向一侧上提。左、右提髋如图4-17所示。

图4-16　顶髋　　　　　　　　　　　　图4-17　提髋

（3）摆髋：自然站立，双脚打开，与肩同宽；髋关节做钟摆式的连续移动，可左右摆，也可前后摆。

✈ 三、健美操基本步伐训练

基本步伐是健美操动作的基本元素。根据健身操的运动强度及运动时对地面产生的冲击力大小，可将健美操基本步伐分为无冲击步伐、低冲击步伐和高冲击步伐三大类。其中，无冲击步伐是指两腿始终接触地面所做出的动作；低冲击步伐是指一脚着地，另一脚离地所做出的动作，是健美操编排中运用最多的动作类型；高冲击步伐是指两脚相继离地所做出的动作。

（一）无冲击步伐训练

1. 半蹲

训练动作：半蹲可分为并腿半蹲和分腿半蹲两种，并腿半蹲时，应双膝并拢，脚尖朝向正前方，屈膝，关节角度不小于 90°，上身保持直立，如图 4-18（a）所示；分腿半蹲时，应双腿分开，双脚间距略宽于肩，脚尖稍微外开，屈膝，关节角度不小于 90°，臀部向下蹲，上身保持直立，如图 4-18（b）所示。

2. 弓步

训练动作：双手叉腰，双腿前后分开，左腿向前迈一步，膝关节弯曲且不超过脚尖位置；右腿伸直，身体重心始终在两腿之间，身体下蹲再还原，如图 4-19 所示。完成此动作后，还可以变化为侧弓步进行练习，其动作要领是左腿稍屈膝站立，右腿向右侧方伸出，脚尖先着地，随即脚跟迅速向下弹压，同时身体重心侧移，然后还原。

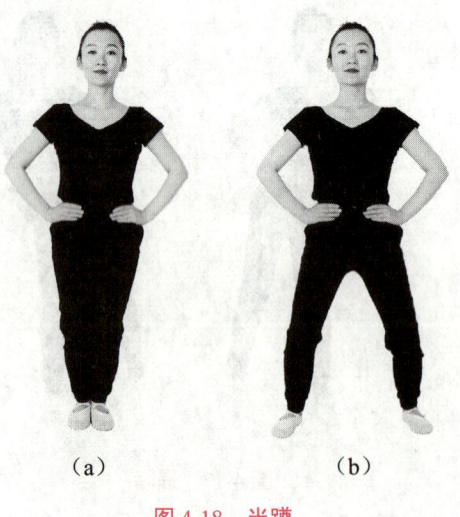

（a）　　　　　　（b）

图 4-18　半蹲

（a）并腿半蹲；（b）分腿半蹲

图 4-19　弓步

3. 提踵

训练动作：自然站立，双手叉腰，双腿并拢夹紧，两脚脚跟抬起，身体重心上提，腹部收紧，如图 4-20 所示；然后，落下脚跟，同时稍屈膝缓冲。

图 4-20　提踵

（二）低冲击步伐训练

1. 抬腿类

（1）吸腿的训练动作：自然站立，双手叉腰，上身保持正、直；然后，左腿稍屈膝，右腿屈膝上抬至大腿与上身垂直，小腿自然下垂，绷脚尖，最后放下腿还原，如图 4-21 所示。

（2）踢腿的训练动作：自然站立，双手叉腰，上身保持正、直；然后，左腿稍屈膝，右腿伸直向上抬起，注意腿不需要抬得太高，但要保持腿部稳定不抖动，之后放下腿还原，如图 4-22 所示。

图 4-21　吸腿　　　　　　　　　　　　图 4-22　踢腿

（3）后屈腿的训练动作：自然站立，双手叉腰，上身保持正、直；然后，右腿稍屈膝，左腿向后屈膝抬起，脚跟尽量靠近臀部，之后放下腿还原，如图 4-23 所示。

（4）弹踢腿的训练动作：自然站立，双手叉腰，上身保持正、直；然后，左腿稍屈膝，右腿先向后微屈，再向前下方弹踢，腿弹出时要保持腿部稳定不抖动，之后放下腿还原，如图 4-24 所示。

图 4-23　后屈腿　　　　　　　　　　　　图 4-24　弹踢腿

2. 踏步类

（1）踏步的训练动作：自然站立，双脚并拢，双臂放于身体两侧；两腿依次原地抬起踏步，再依次落地，双臂随步伐自然前后摆动，如图 4-25 所示。落地时，踝关节、膝关节和髋关节要主动屈伸进行缓冲。

图 4-25　踏步

（2）走步的训练动作：自然站立，双脚并拢，双臂放于身体两侧；迈步向前走四步，再向后退四步；向前走时，先脚跟落地，再过渡到全脚掌着地；反之，向后走时，先前脚掌着地，再脚跟着地，如图 4-26 所示。落地时，踝关节和膝关节要主动屈伸进行缓冲。

动作变化：① 三步点地——向前走三步，第四拍点地；② 三步吸腿——向前走三步，第四拍吸腿。

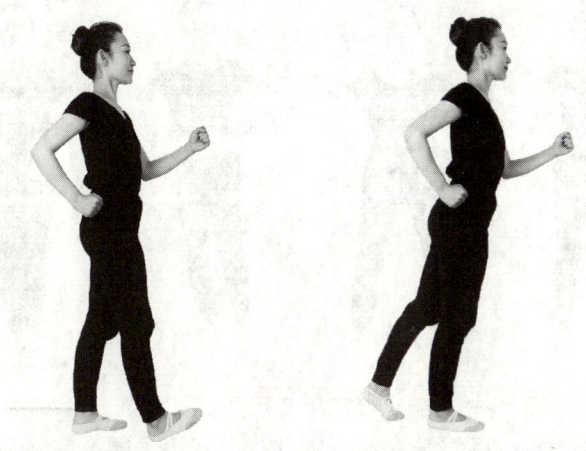

图 4-26　走步

（3）一字步的训练动作：自然站立，双脚并拢，双手叉腰；右脚先向前迈出一步，左脚随之上前并于右脚，双脚再依次退回原位，如图 4-27 所示；向前迈步时，脚跟先着地，然后过渡到全脚掌着地；双脚相并时，双腿要贴紧并拢，同时注意膝关节要进行缓冲。此动作完成后，可变为方步练习，其动作要领是左脚先向右脚前方迈一步，然后右脚向左脚左侧迈一步，左脚再向右脚后方迈一步，最后右脚回到起始位置，形成一个方形，如图 4-28 所示。

图 4-27　一字步　　　　　　　　　　　　　　　图 4-28　方步

（4）Ｖ字步的训练动作：自然站立，双脚并拢，双手叉腰；左脚先向斜前方迈出一步，右脚随之向另一侧的斜前方迈出一步，双脚距离略比肩宽且保持在一条直线上，两腿成开立状，屈膝半蹲，使身体重心在两脚之间，接着两腿再依次退回原位，如图 4-29 所示。此动作完成后，可变为Ｘ步练习，其动作要领是向前完成一个Ｖ字步，再向后完成一个Ｖ字步，形成一个Ｘ形。

图4-29　V字步

（5）漫步的训练动作：自然站立，双脚并拢，双手叉腰；右腿屈膝向前迈一步，身体重心前移；然后，左腿屈膝向上抬起，身体重心保持在两脚之间；接着，左腿踏步一下，右腿向后撤一步，身体重心随之后移；之后，右腿再在原地踏一下，如图4-30所示。

扫一扫
踏步类训练

图4-30　漫步

3. 点地类

（1）脚尖点地的训练动作：自然站立，双脚并拢，双手叉腰；左腿稍屈膝，右腿伸出，脚尖向前方、后方或侧方点地，之后还原到并腿姿势，如图4-31所示。

图4-31　脚尖点地

（2）脚跟点地的训练动作：自然站立，双脚并拢，双手叉腰；左腿稍屈膝，右腿伸出，脚跟向前方或侧方点地，之后还原到并腿姿势，如图4-32所示。

扫一扫
点地类训练

图4-32　脚跟点地

4. 迈步类

（1）并步的训练动作：自然站立，双脚并拢，双手叉腰；左腿先向左侧迈出一步，右脚随之并拢，同时屈膝点地；然后，右腿向右侧迈出一步，左脚随之并拢，同时屈膝点地，双腿交替做重复动作，如图4-33所示。注意并步过程中，两膝要始终有节奏地进行屈伸。

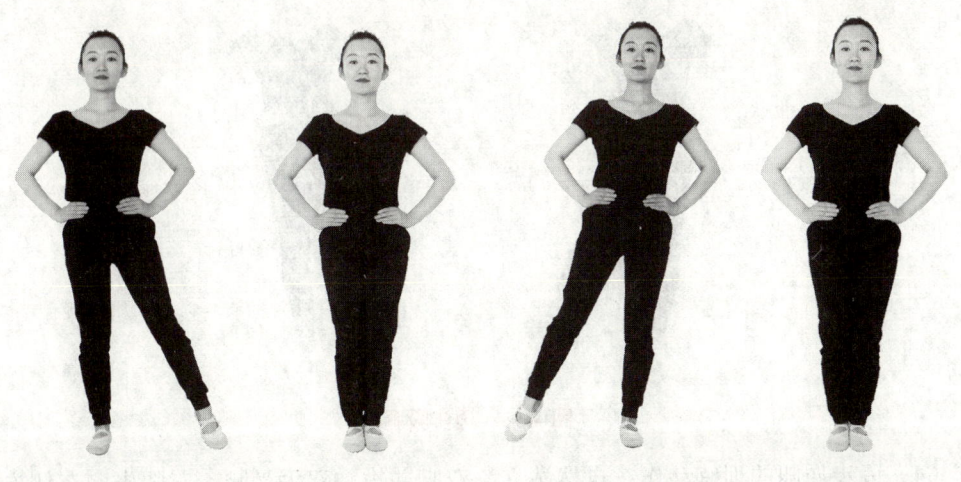

图4-33　并步

（2）迈步点地的训练动作：自然站立，双脚并拢，双手叉腰；左腿先向右腿前迈一步，两腿屈膝将身体重心前移至左腿；然后，双腿伸直，右腿上步至身体右侧并用脚尖或脚跟点地；接着，右腿向左腿前迈一步，两腿屈膝将身体重心移至右腿；最后，双腿伸直，左腿上步至身体左侧并用脚尖或脚跟点地，两腿交替做重复动作，如图 4-34 所示。注意在迈步点地的过程中，两膝要有节奏地进行屈伸，上身不要扭转。

图 4-34　迈步点地

　　（3）迈步吸腿的训练动作：自然站立，双脚并拢，双手叉腰；左腿先向前方或向左侧方迈出一步，然后将重心移至左腿，接着右腿屈膝向上抬至大腿与上身垂直，之后落下右腿，双腿交替做重复动作，如图 4-35 所示。

图 4-35　迈步吸腿

　　（4）迈步屈腿的训练动作：自然站立，双脚并拢，双手叉腰；左腿先向左侧方迈出一步，两腿屈膝，将身体重心移至左腿；然后，右腿向后屈膝抬起，脚跟靠近臀部，之后落下右腿，双腿交替做重复动作，如图 4-36 所示。

扫一扫
迈步类训练

图 4-36 迈步屈腿

（5）后交叉步的训练动作：自然站立，双手叉腰；右腿先向右侧方迈一步，屈膝，同时左腿屈膝在右腿后交叉；然后，右腿再向右侧方迈一步，左脚随之并拢，双腿屈膝，之后换另一侧做重复动作，如图 4-37 所示。

图 4-37 后交叉步

（三）高冲击步伐训练

1. 并腿纵跳

训练动作：双腿并拢站立，两脚同时用力向上跳起，然后屈膝缓冲落地，纵跳过程中双臂可放于身体两侧或自然上下摆动，如图 4-38 所示。

图 4-38　并腿纵跳

2. 开合跳

训练动作：双腿并拢站立，双手叉腰或放于身体两侧；膝盖微屈，两脚同时用力向上跳起，然后分腿屈膝落地；再分腿屈膝跳起，并腿屈膝落地，如图 4-39 所示。注意分腿屈膝时，双脚自然外开，膝关节沿脚尖方向屈，大腿与小腿的夹角不小于 90°。

  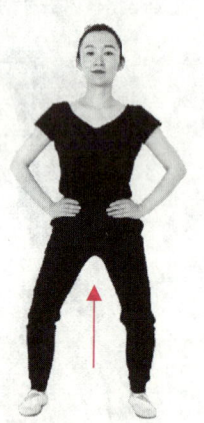 

图 4-39　开合跳

3. 弓步跳

训练动作：双腿并拢站立，双臂放于身体两侧；双膝微屈，两脚同时用力向上跳起，然后前后分腿成弓步姿势落地；再以弓步姿势跳起，并腿屈膝落地，之后以另一腿作为弓步前腿做重复动作，如图 4-40 所示。注意弓步分腿落地时，前侧腿的小腿与地面成 90°角，后侧腿伸直，双脚脚尖应朝向正前方。

图 4-40　弓步跳

4. 并步跳

训练动作：双腿并拢站立，双臂放于身体两侧；右脚向前迈出，脚尖用力蹬地并跳起，左脚随之并拢，然后并腿屈膝落地，之后换另一侧做重复动作，如图 4-41 所示。

扫一扫
高冲击步伐训练

图 4-41　并步跳

 致敬英雄

用心服务，收获感谢

"谢谢你姑娘，这是我今天收到的第一个生日祝福，这份礼物很珍贵，我很感动，谢谢你！"这是海南航空北京乘务队刘雅男第一次将自己制作的生日卡片送给旅客时收获的感谢，也是让她非常难忘的一句话。

每当有旅客在生日当天乘机时，刘雅男所在的乘务组都会送上一张生日卡片表示祝福。卡片制作精美，但刘雅男总觉得少了些什么。一次，她突发奇想——能不能在卡片上画上可爱的卡通图画，写上自己对旅客的暖心祝福呢？

　　说干就干，刘雅男精心挑选了一些活泼可爱的卡通形象画在卡片上，并在卡片下方认真写下自己对旅客的祝福。当微笑着将自己制作的第一张卡片递给旅客时，她心里一直在打鼓：旅客会喜欢我制作的卡片吗？"当看到旅客的嘴角慢慢上扬，我的心里就像照进了一束阳光。"刘雅男说。得到旅客的肯定后，她的脸上一整天都挂着发自内心的笑容，同时她感到浑身有使不完的劲儿，更加愿意用满腔热情对待工作。

　　第一次成功后，刘雅男又不断创新方式，为不同年龄、职业的旅客"量身定制"生日祝福。慢慢地，刘雅男收获了越来越多的感谢。看到旅客们下机时的笑脸，刘雅男觉得自己的努力非常值得，工作起来也更有动力了。

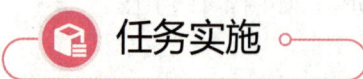 任务实施

健美操展示

实施步骤：

（1）全班学生分成若干个小组，每组 6～8 人，并选出一名组长。

（2）各组组长带领小组成员练习健美操的基本动作及基本步伐。

（3）各组组长组织小组成员编排与练习本组健美操展示的内容。编排的内容需要包含三种以上的健美操基本动作与步伐，同时还要选择一首合适的音乐为健美操配乐。

（4）各组配合音乐展示本组的健美操，展示时间约 2 分钟。

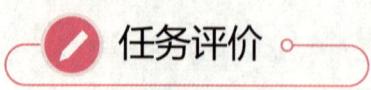 任务评价

（1）各组进行交流与总结，并参照表 4-1 互相打分。

（2）教师参照表 4-1 对各组的表现进行评价、打分，并做总结性发言。

表 4-1　任务实施评价表

序号	评价内容	分值	小组评分（40%）	教师评分（60%）
1	动作准确、规范，身体姿态优美、舒展，动作幅度适当	25		

表4-1（续）

序号	评价内容	分值	小组评分（40%）	教师评分（60%）
2	动作熟练，动作衔接自然流畅，动作转换时节奏精准，无明显停顿	25		
3	身体协调性较好，动作轻松有弹性，且无多余动作	20		
4	音乐选取恰当，曲调优美，节奏明显，动作能与音乐合拍，全组队员的动作整齐划一	20		
5	极富表现力与感染力，能够展示出内心的激情，体现出一种健康向上的情绪	10		
	合　计	100		

 民航之声

蒋美进：想旅客所想，急旅客所急

走路，腰杆儿笔直，频率特快；说话，声音敞亮，语气坚定——上班的时候永远是那么风风火火，这是蒋美进留给同事们最深刻的印象。

2007年，蒋美进进入南航珠海航空公司地服部工作，工作期间荣获南航"服务之星"大赛一等奖，后因表现突出被聘为地服部旅客服务室副主任。作为部门不折不扣的老员工，蒋美进充分展现出领头羊的作用。她心中时刻装着旅客，但凡旅客遇到困难，她总会以最快的速度出现在旅客面前，"请问，有什么能帮到您的？"成了她的口头禅。

不久前，公司收到一位旅客亲笔书写的表扬信，旅客在信中讲述了自己与老伴在珠海机场遇到困难后得到了蒋美进热情帮助的事情，并表示从此要做南航的忠实客户。为此，她受得到公司的通报表彰，公司号召全体员工学习她用心、用情为旅客服务的态度。

事情是这样的：那天一早，蒋美进看到这两位老年旅客在机场值机柜台附近徘徊了很久，然后焦急地向南航值机柜台走来。"请问，有什么能帮到您的？"她迎了上去。原来，他们购买了某航空公司由珠海飞往上海的机票，但该航班取消了。虽然某航空公司工作人员告知他们已为他们改签至8时45分起飞的南航3751航班，但眼看3751航班乘机截止时间快到了，仍不见某航空公司工作人员身影。如果不能成行，那么他们就不能按计划在上海转机到哈尔滨了。

"他们 9 时才上班。不过，您别着急，我帮您看看。"蒋美进发现两位老人在 3751 航班虽有定座，但公司没有收到某航空公司的通知，且旅客不能出示该航空公司开具的签转单，按照规定，南航不能接收他们。看着两位老人焦急的样子，蒋美进将手中的工作交给其他同事处理，专门服务这两位老人。她将他们安排在附近的沙发上休息等待后，一路小跑返回柜台，致电机场配载部门通知某航空公司工作人员前来处理，然后又想办法取得了某航空公司驻珠海机场柜台主任的联系方式，而此刻离 3751 航班截载时间只有几分钟了。

她即刻拨通对方电话协商两位老人的改签问题，在获得其准许后，蒋美进马上为两位老人办理了改签手续，并将老人送至安检处。途中，老人悄悄记下了她的名牌，回到哈尔滨后就写了表扬信。从此以后，两位老人成了南航航班的候鸟式常客：夏天回哈尔滨避暑，冬天到珠海享受暖阳。

任务二　瑜伽训练

任务描述

瑜伽是一项深受大众喜爱的健身项目。练习瑜伽不仅可以塑造形体，提升气质，还可以舒缓情绪，减轻压力。本任务将讲解瑜伽的调息方式及基本动作。

知识讲解

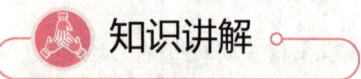

一、瑜伽概述

瑜伽是梵文"Yoga"的音译，意为结合、连接、和谐。它重视身体、心灵与精神的和谐统一，主要采取调息、调身、调心的方法帮助练习者达到修身养性的目的。

古印度人对瑜伽的诠释为"自我与原始动因的一致结合"，即"身心平衡"。要想达到这种"身心平衡"的状态，练习者在练习瑜伽时就必须关注每个动作的细节，仔细感知肌肉的拉伸和收缩状态，并运用呼吸调整气息，用想象驱逐大脑中的杂念。

瑜伽的起源与发展

　　瑜伽有"世界瑰宝"之称，它起源于古印度，发源于印度北部的喜马拉雅山脉一带，距今已有五千多年历史。古印度修行者在大自然中修炼身心时，无意中发现动物与植物天生具有治疗、放松、促进睡眠或保持清醒的方法，它们在患病时能不经任何治疗而自然痊愈。为了掌握其中的奥秘，古印度修行者对动植物进行了大量的观察，并通过模仿动植物的自然姿态逐步感应到了身体内部的微妙变化，由此创立出一套理论体系完整且实用的养身运动——瑜伽。

　　具体来说，瑜伽的发展历程可分为以下阶段：

　　（1）前古典时期（公元前5000年至公元前1500年）。通过考古研究发现，在印度一些出土的石雕和印章中，有人进行瑜伽冥思和各种瑜伽坐法的图案，这是瑜伽最早的活动形式。

　　（2）古典时期（公元前1500年至公元前300年）。有关瑜伽的最早文字记载出现在婆罗门教重要典籍《梨俱吠陀》中，这也是研究瑜伽起源与发展的重要著作。之后随着瑜伽的不断发展与传播，一些关于瑜伽的著作开始问世，如《奥义书》《薄伽梵歌》等。《奥义书》对瑜伽有了明确记载，《薄伽梵歌》将瑜伽行法与哲学联系到一起，使其上升到哲学、信仰和知识的高度。同时，在一些瑜伽行者和苦行者的带领下，普通民众开始接触瑜伽这项运动，并加入到了瑜伽的修行中去。

　　（3）后古典时期（公元前300年左右至19世纪）。"瑜伽之祖"帕坦伽利编著了《瑜伽经》，详细地阐述了古典瑜伽的理论。书中不仅将之前的瑜伽方法和实践经验进行了系统的归纳和总结，还将它们进一步理论化，从而使瑜伽上升成为一个既有完整理论，又有实践知识的系统哲学体系。

　　（4）现代时期（19世纪至今）。经过不断发展，瑜伽逐渐形成了一套具有鲜明特点的身心修习理论，并因其对心理减压及生理保健的明显作用，得到了不同国家和地区人们的认可和喜爱。同时，瑜伽还演变出了各种不同的练习形式，如哈他瑜伽、高温瑜伽、养生瑜伽等，练习者可以根据自己的实际需求有选择地进行练习。现今，随着瑜伽训练体系与理论的不断完善，瑜伽已被广泛运用在运动健身、心理治疗、美容健身等诸多领域，并成为现代社会人们减压健身的重要运动项目之一。

二、瑜伽调息训练

　　瑜伽调息就是对呼吸的控制和延续，也称为呼吸控制法。通过瑜伽调息练习，可以让练习者的身心趋于平静，从而达到减压的效果。

（一）腹式调息

腹式调息又称横膈膜调息，是通过加大横膈膜的活动，减少胸腔的运动来完成呼吸的调息方式。横膈膜是将胸腔和腹腔分隔开的膜状肌肉，吸气时横膈膜越向下，吸入肺中的空气就越多。

训练动作：以自己最舒服的姿势坐在瑜伽垫上（仰卧亦可），腰背挺直，双手放于腹部，然后缓缓地吸气，如图 4-42 所示；吸气时，由于横膈膜会下降，把脏器挤到下方，因此肚子会膨胀，手能感觉到腹部向外不断扩张，小腹像气球一样慢慢鼓起；接着呼气，腹部收紧，横膈膜自然上升，小腹逐渐回归原位。

（二）胸式调息

胸式调息是指通过肋间外肌收缩引起肋骨和胸骨运动，使得胸廓前后、左右径增大，从而完成呼吸的调息方式。

训练动作：以自己最舒服的姿势坐在瑜伽垫上，腰背挺直，双手放在胸部两侧的肋骨处，如图 4-43 所示；然后，深吸气，肋骨应向外、向上扩张，腹部保持平坦，体会吸气时肋骨起伏和气流涌动在胸腔的感觉；接着，缓缓呼气，胸部放松，肋骨向内、向下收缩。

图 4-42　腹式调息坐姿　　　　　　　　图 4-43　胸式调息坐姿

（三）完全式调息

完全式调息是将腹式调息与胸式调息结合为一体的调息方法。它能帮助练习者增大肺活量，增加身体的活力和耐力。

训练动作：以自己最舒服的姿势坐在瑜伽垫上，腰背挺直，双臂自然下垂或放在腿上，全身放松，如图 4-44 所示；然后，先用腹式调息法吸气，感受腹部隆起的状态，再过渡到胸式调息法，将吸气延续，使胸部吸满气体；当吸气达到双肺的最大容量时，腹部向内收紧，双肩略微升起；接着，按照与吸气相反的顺序呼气，即先放松胸部，肋骨向内、向下扩张排出空气，再收缩腹部肌肉呼尽所有空气。

图4-44　完全式调息坐姿

三、瑜伽基本动作训练

（一）基本坐姿

1. 简易坐

训练动作：坐于地面，腰背挺直，双腿并拢向前伸直；然后，弯起左腿，将左脚放在右膝下或右大腿下，再弯起右腿，将右脚放在左膝下或左大腿下，最后将双手放在双膝上，如图4-45所示。做此动作时，应将头、颈和躯干保持在同一条直线上，肩膀和手臂放松。

2. 半莲花坐

训练动作：坐于地面，腰背挺直，双腿并拢向前伸直；然后，弯起右腿，将右脚放在左大腿下，再弯起左腿，将左脚放在右大腿上，双膝应尽量贴近地面，双手放在双膝上，如图4-46所示。可交换双腿上下的位置。

图4-45　简易坐　　　　　　图4-46　半莲花坐

3. 金刚坐

训练动作：双腿并拢，跪于地上，脚背贴于地面，臀部坐在脚跟上，挺直腰背，双肩放松，双手平放在大腿上，如图 4-47 所示。

图 4-47　金刚坐

（二）伸臂伸展式

训练动作：自然站立，双手于胸前合十，如图 4-48（a）所示；然后，先吸气，双手慢慢举至头顶上方，挺胸，收腹，伸展脊柱，手臂带动上身尽量向后仰，如图 4-48（b）所示；再呼气，慢慢回正上身，双手合十放于胸前，低头放松。此动作 3 次为 1 组，需反复练习 3 组。

（a）　　　　　　　　　　　　（b）

图 4-48　伸臂伸展式

（三）顶天式

训练动作：双腿并拢站立，先吸气，双臂前平举，如图 4-49（a）所示；再呼气，双臂向身体两侧打开并在身后相交，双肩后收夹紧背部，肘部尽量伸直，双手十指相扣，掌心向外，双手用力向后顶，同时伸展颈部，眼望上方，如图 4-49（b）所示；然后，再次吸气，屈收颈部，放松双肩，两手臂在胸前相抱，微微低头，全身放松，如图 4-49（c）所示；最后，再次呼气，慢慢回正上身。此动作 3 次为 1 组，需反复练习 3 组。

（a）　　　　　　　（b）　　　　　　　（c）

图 4-49　顶天式

（四）摩天式

训练动作：双腿并拢站立，先吸气，双臂向上伸展，双手十指相扣，然后翻转掌心向上，缓慢踮起脚跟，脚踝保持稳定，大腿前侧向上收紧，双肩向下沉，双手向上推，如图 4-50 所示；再呼气，脚跟落回地面，放下双臂。此动作 3 次为 1 组，需反复练习 3 组。

图 4-50　摩天式

（五）牛面式

训练动作：坐于地面，双腿向前伸直，双脚并拢，双手自然放于身体两侧或腿上，如

扫一扫

牛面式

图 4-51（a）所示；然后，将双腿弯曲并交叉，右腿在上，双膝上下相叠，左脚放在右臀部外侧，右脚放在左大腿外侧，如图 4-51（b）所示；接着，吸气，右臂弯曲向后，右手沿脊柱向下，左臂弯曲向上，左手与右手于背后相握，停留数秒，如图 4-51（c）所示；最后，呼气放松，换另一侧做相同动作。此动作 3 次为 1 组，需反复练习 3 组。

（a）　　　　　　　　（b）　　　　　　　　　　　（c）

图 4-51　牛面式

（六）风吹树式

训练动作：双脚左右分开，与肩同宽；先吸气，双臂向上伸展，双手十指相扣，翻转掌心向上；然后，呼气，上身向右侧弯，拉伸左侧腰部，背部保持延展，双肩放松，眼睛透过左大臂向上看，如图 4-52 所示；接着，再次吸气，用腰部力量带动上身回正；最后，呼气放松，换另一侧做相同动作。此动作 3 次为 1 组，需反复练习 3 组。

扫一扫

风吹树式

图 4-52　风吹树式

（七）直角转腰式

训练动作：双脚左右分开略比肩宽；吸气，双臂向上伸展，双手十指相扣，翻转掌心向上；呼气，手臂带动上身向前倾，直到与地面保持平行，目光看向地面；再次吸气，身体保持不动；呼气，上身向左侧转动，并停留数秒；接着，继续吸气，身体回到正中位置；呼气，上身向右侧转动，并停留数秒，如图 4-53 所示；吸气，身体回到正中位置；呼气，起上身，放下双臂，双脚并拢。此动作 3 次为 1 组，需反复练习 3 组。

扫一扫
直角转腰式

图 4-53　直角转腰式

（八）三角侧身伸展式

训练动作：双腿并拢站立，吸气，两脚分开至最大程度，并保持在一条直线上，脚尖朝前，双臂侧平举，掌心朝向地面；呼气，右侧的腿和脚向右转 90°，伸展左腿，收紧左膝，确保重心落于右脚跟上；再次吸气，弯曲右膝直到大腿与小腿成 90°；呼气，上身向右侧弯曲，将右手掌放在右脚旁的地面上，确保右臂与地面垂直，左臂沿身体方向向斜上方伸展，转头向上看，保持动作 20～30 秒，如图 4-54 所示；然后还原，换另一侧做相同动作。此动作 3 次为 1 组，需反复练习 3 组。

图 4-54　三角侧身伸展式

（九）束角式

训练动作：坐于地面，屈双膝，双脚脚心相对，脚跟后挪，尽量贴近身体；吸气，双手握双脚，伸直脊柱和颈椎，目视前方，如图4-55（a）所示；呼气，以腰为支点，上身前倾，慢慢使胸部贴近双脚，保持动作20～30秒，如图4-55（b）所示；吸气，上身抬起，伸直脊柱，放松。此动作3次为1组，需反复练习3组。

（a）　　　　　　　　　　　（b）

图4-55　束角式

（十）船式

训练动作：坐于地面，吸气，双腿并拢并向前伸直，双手放于臀部两侧，背部挺直；然后，呼气，背部稍向后靠，屈双膝；接着，吸气，双腿向上伸直抬离地面，直至与地面成45°角，将双臂向前伸直，掌心相内贴于两腿外侧，保持动作20～30秒，其间正常呼吸，如图4-56所示；呼气，双手落回地面，屈双膝，双脚向下踩地，然后伸直双腿。此动作3次为1组，需反复练习3组。

图4-56　船式

（十一）树式

训练动作：双腿并拢站立，左腿屈膝，左脚脚心向内并沿着右小腿往上抬至右大腿根部，右腿直立支撑身体，双手合十于胸前，如图 4-57（a）所示；然后，慢慢将双手举过头顶，掌心向对，肘部尽量伸直，保持动作 20～30 秒，其间正常呼吸，如图 4-57（b）所示；最后，将手放下，左腿伸直、落地，换另一侧做相同动作。此动作 3 次为 1 组，需反复练习 3 组。

（a）　　　　　　　　（b）

图 4-57　树式

（十二）海狗变化式

训练动作：坐于地面，腰背挺直，弯曲右腿，右脚脚跟抵住大腿根部，左腿向后方伸直，如图 4-58（a）所示；然后，左腿向上弯曲，脚尖绷直，双手抓住左脚脚背，吸气，左脚缓慢向外展开，右臂逐渐拉直；呼气，直到手臂有绷紧感，保持 10 秒，如图 4-58（b）所示；最后，双手松开左脚，左腿回到初始位置，换另一侧做相同动作。此动作 3 次为1 组，需反复练习 3 组。

（a）　　　　　　　　　　　　（b）

图 4-58　海狗变化式

（十三）骆驼式

训练动作：跪立于地面，腰背挺直，双手扶住髋部，双膝打开与肩同宽，如图 4-59（a）

所示；先吸气，上身慢慢后仰；再呼气，腹部收紧，双手慢慢抓住双脚脚跟，头部自然向下放松，保持动作 20～30 秒，其间正常呼吸，如图 4-59（b）所示；接着，再次吸气，双手松开脚跟扶住髋部，上身缓慢直立；呼气，双膝并拢。此动作 3 次为 1 组，需反复练习3 组。

（a）   （b）

图 4-59　骆驼式

（十四）鹭变化式

训练动作：金刚坐，双臂在身体前方交叉，双手手腕相绕，十指相扣，如图 4-60（a）所示；吸气，头部缓缓后仰，双臂向斜上方抬起，使双手靠向头部，如图 4-60（b）所示；呼气，恢复金刚坐。此动作 3 次为 1 组，需反复练习 3 组。

（a）   （b）

图 4-60　鹭变化式

📖 知识角

瑜伽训练的注意事项

（1）练习地点尽可能地选择安静、整洁、舒适、通风的地方。

（2）练习时要保持心情舒畅。

（3）练习时间宜为饭后两三个小时。

（4）练习瑜伽前不要食用油腻、辛辣和容易产生胃酸的食物，练习结束30～40分钟后再进食。

（5）瑜伽有大量的扭转、伸展躯干和四肢的动作，因此练习者最好光脚、身着宽松的服装，并去除手表、腰带和其他饰物。

（6）练习时应遵循安全性原则，每个动作要缓慢柔和、适度而止，不要勉强，努力做到自己的极限即可。

（7）练习时注意力要集中，用心体验身体伸展时的感觉，以达到身体和精神的和谐、统一。

🔖 民航小讲堂

机票的种类

机票是旅客与航空公司之间订立的"运输契约"，是旅客乘坐飞机和随机交运行李的证明，也是各航空公司之间相互结算的凭证。

为了适应不同旅客和市场的需求，航空公司推出了不同种类的机票，每种机票都有不同的用途、票价和限制。总的来说，机票可以分为普通机票和特别机票两大类。

1. 普通机票

普通机票主要有头等票、商务票和经济票三种，分一年期、半年期、三个月、一个月、十四天等不同的有效期限。其中最常见的是普通一年期机票。

普通一年期机票的票价较高，但使用灵活方便、限制少，且能换乘不同航空公司的航班，适合行程中可能会改变线路、时间的旅客。旅客须持有相关有效证件（如身份证或军官证、护照、出国证明及目的地的签证等）购买此种机票。

2. 特别机票

特别机票可分为旅游机票、团体机票、包机机票、学生机票、优惠机票等，其有效期和使用条件以承运人的规定为准。

（1）旅游机票。旅游机票的票价一般比普通一年期机票低，但限制相对较多，一般只能购买往返票，不能购买单程票。购买此种机票时，旅客应详细了解其使用的注意事项、有效期和限制条件，以免因行程变动而造成机票过期或失效，从而招致损失。

（2）团体机票。团体机票一般由航空公司指定的旅行社事先向航空公司预订和购买，作为团体旅行之用。此种机票不能出售给个人，旅客在购买时应注意其有效期限、退票规定、停留地点和停留天数的限制等情况，以免使用不当给自己带来不便。

（3）包机机票。包机机票一般是指由包机公司或旅行社向航空公司包下整架或部分飞机座位，以供会员或一般旅客乘搭所售的机票。此种机票的票价及营运限制，均由包机公司或旅行社自行订定，限制较为严格，如不能退票、改签要扣25%～50%的手续费或附加费等。此外，如果旅客在使用包机票时产生纷争，只能与包机公司或旅行社进行交涉。

（4）学生机票。学生机票的票价较为低廉，其限制较少，可享有较高的行李托运千克数和较长的停留有效期。旅客需持有相关学生证明才能购买此种机票。

（5）优惠机票。优惠机票一般是指航空公司为了促销而不定期推出的促销票，限制标准因航空公司而异，差别较大。

 **任务实施**

瑜伽练习

实施步骤：

（1）教师准备一套易学易练的瑜伽动作。

（2）课堂上，教师示范或播放瑜伽动作的视频，请学生观摩和学习。

（3）请学生在课后自行分组练习，每组6～8人，练习时间为一周。然后，各组将练习成果拍成视频上交。

 **任务评价**

教师参照表4-2对各组任务实施情况进行评价。

表4-2　任务实施评价表

序号	评价内容	分值	评分
1	动作准确、规范，身体姿态优雅、舒缓，动作幅度适当	30	
2	动作熟练、到位，姿势变化衔接自然流畅	30	
3	注意力集中，身体放松，动作与气息配合得当	20	
4	身体协调性较好，能充分锻炼身体各部位	20	
合　计		100	

民航之声

金萍：空中绽放的"铿锵玫瑰"

万米高空的客舱中，她时而仪态端庄，步履轻盈；时而英姿飒爽，雷厉风行。她就是南航新疆分公司保卫部女安全员金萍。

提到金萍，认识她的人无不竖起大拇指。作为一名女性航空安全员，她除了要做好航班保障任务，还需要接受非常严格的体能和技能训练。

筑梦起航　结缘蓝天

金萍曾在部队服役 5 年。2012 年 12 月，她通过层层选拔，进入南航新疆分公司保卫部。成为安全员后，金萍才发现安全员的工作没有那么容易，高标准的体能和技能训练，以及业务学习，都让她倍感压力。

金萍并未退缩，她也从未使用女性身份要求领导给予特殊照顾。她和男队员一起训练，同样的训练项目、同样的训练强度，长跑、卧推、杠铃快艇、擒拿格斗……金萍从不娇气，也从不叫苦叫累。通过日复一日的刻苦训练，她最终以男安全员的体能标准和技能标准成功结业，周围男队员也纷纷为这名不服输的女汉子"点赞"。

守望云端　铿锵玫瑰

作为一名女安全员，金萍用实力证明了航空安保工作离不开女性的参与。在一次次旅客纠纷的处置中，金萍总是能发挥女性优势，用一个微笑、几句温柔的话语就轻松解决问题，有效避免了矛盾升级，确保了航班正常运行。

金萍时刻牢记岗位责任，更将自己是一名党员和退伍军人铭记于心。由于工作成绩突出，她成了执行急难险重航班保障任务的主力。截止 2023 年 3 月 7 日，金萍已累计安全飞行 10 000 余小时。她以女性特有的细腻，精心维护着每一次飞行安全，书写着"巾帼不让须眉"的美好诗篇。

项目五

民航服务人员
形体强化综合训练

📖 **项目导读**

　　形体强化综合训练是形体基础综合训练的进阶训练，它主要包括优雅高贵的芭蕾训练、含蓄优美的古典舞训练和舒展迷人的民族舞训练。这些舞种训练通过灵动的舞姿和优雅的造型，再配以恰当的音乐，不仅可以提高练习者对形体训练的兴趣，促使其在身心愉悦中塑造出优美形体，还可以培养其高雅的气质和风度，增强其音乐节奏感、身体协调性和舞蹈表现力，进而促进其身心全面、均衡发展。

🌐 知识目标

- 了解芭蕾的基础知识，掌握芭蕾的基本体态训练和组合训练的方法。
- 了解中国古典舞的基础知识，掌握中国古典舞的基本体态训练、基本舞步训练和基本身韵动作训练的方法。
- 了解中国民族舞的相关知识，掌握维吾尔族舞、蒙古族舞和朝鲜族舞的基本体态训练、基本舞步训练和基本技巧训练的方法。

💡 技能目标

- 通过形体强化训练，纠正不良姿态，塑造优美形体，培养高雅气质。
- 通过学习，至少掌握其中一种形体强化训练的训练方法。

◈ 素质目标

- 培养保护、传承与发扬中国传统文化的意识。
- 通过学习中国古典舞和民族舞的基本知识和动作，了解我国不同时期、不同民族的民族精神与民族文化特点。

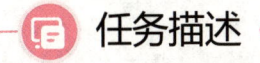

任务一　芭蕾训练

 **任务描述**

　　芭蕾训练是形体训练的重要组成部分。通过芭蕾训练，练习者能够有效改善形体的原始状态，提高身体的控制力、柔韧性、灵活性及协调性等。本任务将主要讲解芭蕾的相关知识，包括芭蕾概述、芭蕾的基本体态训练、芭蕾的组合训练等内容。

 **知识讲解**

✈ 一、芭蕾概述

　　芭蕾起源于意大利，兴盛于法国，后流行于世界各地。它最初是欧洲的一种群众自娱性舞蹈，在发展进程中逐渐形成了一定的规范和结构形式，其最显著的特征是演员穿上特制的足尖鞋立起脚尖跳舞。

　　芭蕾训练对着装有着一定的要求，具体要求如下：

　　（1）训练服，女士训练服是紧身的连体服搭配连裤袜，如图 5-1 所示；男士训练服是紧身背心或 T 恤搭配紧身裤，如图 5-2 所示。

图 5-1　女士训练服　　　　　　图 5-2　男士训练服

　　（2）发型，女士将头发全部盘在脑后，没有刘海和多余的发丝，如图 5-3 所示；男士一般留干净利落的短发，以不遮挡双耳为宜。

（3）鞋子，穿专用的软底足尖鞋，如图5-4所示。需要注意的是，在穿芭蕾舞鞋前需要在脚趾上包上脚尖套，这样既能减轻足尖的疼痛感，又能保护足尖的安全。

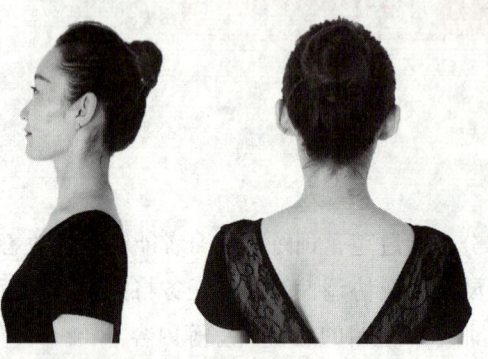
图5-3　芭蕾女士发型

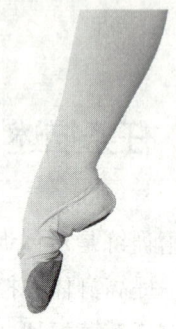
图5-4　芭蕾舞鞋

 知识角

形体芭蕾

　　形体芭蕾是将芭蕾形体艺术与日常健身结合起来的一种形体训练方式。它力求简单、有效地分解芭蕾动作，将芭蕾的特征和基本元素融入形体训练中。

　　形体芭蕾不同于专业芭蕾，它是由专业芭蕾延伸而来的。专业芭蕾对练习者的身材柔韧度、技巧、舞感等都有着较高的要求，其训练内容大多复杂且枯燥。而形体芭蕾则是以健身和提升气质为主要目的的，并通过一定的训练来帮助练习者达到塑造完美形体的效果，它更加注重把芭蕾特有的优雅和自信融入练习者的实际生活中。

二、芭蕾基本体态训练

（一）基本手形训练

　　训练动作：五指自然平伸，拇指靠向中指指根处，食指微微向外打开，其余三指自然伸展并拢，如图5-5所示。

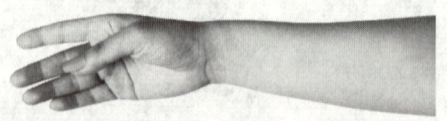
图5-5　芭蕾基本手形

扫一扫
芭蕾基本手形

（二）基本手位训练

1. 一位手

训练动作：双臂放于身前，大臂、手肘、小臂、手腕与手指自然弯曲，两臂合成一个椭圆形，肘关节略用力前顶，双手保持基本手形置于身前，掌心朝上，两手中指指尖相对，且两手之间、手掌与身体之间都相距一拳的距离，如图 5-6 所示。

2. 二位手

训练动作：在一位手的基础上，双臂向上抬至肋骨的最下端，掌心朝内，手臂保持弧形，如图 5-7 所示。需要注意的是，从一位手到二位手的动作转换中，要保持手指、手腕与肘部三个支撑点的稳定。

3. 三位手

训练动作：在二位手的基础上，双臂继续上抬，双手向额头斜前方延伸，直到在不抬头的情况下，轻抬眼皮便可看见小拇指，掌心朝向头部，双手间的距离不变，肘关节略向后用力，如图 5-8 所示。

图 5-6 一位手　　　　　图 5-7 二位手　　　　　图 5-8 三位手

4. 四位手

训练动作：在三位手的基础上，左手保持不动，右手还原至二位手的位置，如图 5-9 所示。

5. 五位手

训练动作：左手仍保持三位手不动，右手从二位手的位置慢慢向右侧打开，直至正旁（在身体一侧，与身体保持平行）稍靠前的位置，如图 5-10 所示。需要注意的是，右手带动右臂向外打开的过程中，肘部和手指两个支撑点要保持在同一个水平面上。

图 5-9　四位手　　　　　　　图 5-10　五位手

6. 六位手

训练动作：在五位手的基础上，右手保持不动；左手从三位手的位置落回到二位手的位置，如图 5-11 所示。

7. 七位手

训练动作：在六位手的基础上，右手保持不动；左手从二位手的位置慢慢向左侧打开，直至正旁稍靠前的位置，如图 5-12 所示。

扫一扫
芭蕾基本手位

图 5-11　六位手　　　　　　　图 5-12　七位手

（三）基本脚位训练

1. 一位脚

训练动作：双脚脚跟并拢，脚尖分别朝两边打开，使双脚夹角达到 180°，呈一字形，如图 5-13 所示。

2. 二位脚

训练动作：在一位脚的基础上，右脚向右侧擦地、落脚，双脚脚跟相距一只脚的距离，如图 5-14 所示。

3．三位脚

训练动作：在二位脚的基础上，右脚擦地收回，脚跟紧贴左脚足弓处，双脚前后重叠，右脚遮住左脚的一半，如图 5-15 所示。

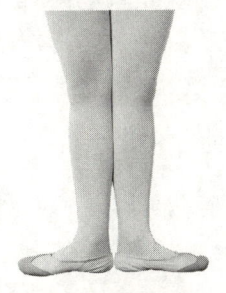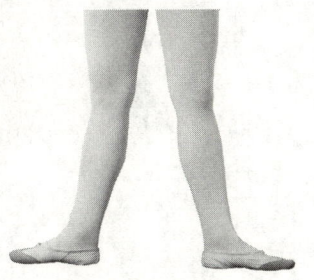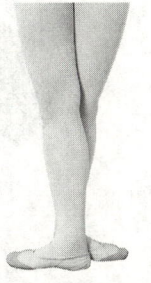

扫一扫
芭蕾基本脚位

图 5-13　一位脚　　　　图 5-14　二位脚　　　　图 5-15　三位脚

4．四位脚

训练动作：在三位脚的基础上，右脚继续向前擦地、落脚，使双脚相隔一只脚的距离，并保持平行，如图 5-16 所示。

5．五位脚

训练动作：在四位脚的基础上，右脚擦地收回，脚尖紧贴左脚脚跟，右脚完全遮盖住左脚，如图 5-17 所示。

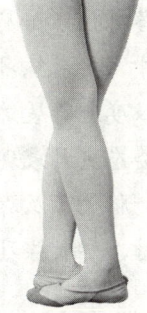

图 5-16　四位脚　　　　图 5-17　五位脚

（四）基本站姿训练

正确的站立姿势是芭蕾"开、绷、直、立"的先决条件，同时也是身姿挺拔和步态轻盈的根本。正确的芭蕾站姿能改善人体脊柱的"S"形弧线，矫正脊柱、肋骨和骨盆的位置，将身体弧线尽可能地拉直，从而使形体直立挺拔。

训练动作：一位脚站立，双膝伸直并拢；腿部肌肉收紧，大腿内侧肌肉夹紧，胯部保持外开，臀部向里收紧；腹部肌肉用力收紧，腰部往上拉伸，后背保持直立；肩膀下沉，颈部拉伸，下巴平放；双眼平视前方，面带微笑；呼吸自然顺畅，不要憋气。芭蕾基本站姿如图 5-18 所示。

图 5-18　芭蕾基本站姿

 知识角

芭蕾的基本元素

在芭蕾训练中，很多动作都是围绕"开、绷、直、立"这几个芭蕾基本元素来完成的。

"开"是指身体各部位（如肩、胸、胯、膝和踝等）对称地向外打开。例如，在练习扶把下蹲过程中，要求练习者的髋关节、膝关节、腕关节和脚趾尖全部向外打开，这样可以最大限度地舒展练习者的肢体线条，扩大动作的空间范围，增大动作幅度，进而使动作姿态更具表现力。

"绷"是指脚部、膝关节及踝关节要绷直，以展示给人一种挺拔修长的美感。例如，在做踢腿动作时，要求练习者脚背要最大限度地绷直，从而使腿部线条显得更加修长、漂亮。

"直"是指腿部要保持直立，以突显形态美。例如，芭蕾训练中，在没有特定动作需要的情况下要求双腿必须挺直、稳定、有力，因为这样能使体态更加舒展、挺拔，且可增强身体表现力。

"立"是指脊柱及腰部应挺直向上，保持收腹、展胸。例如，练习者做跳跃练习时，上身保持挺立、舒展，会给人一种轻盈、向上的气质，从而带来视觉上的美感。

三、芭蕾组合训练

（一）地面训练

1. 勾绷脚训练

训练动作：坐于地面，后背直立，双臂伸直放于身体两侧，手指指尖点地，双腿并拢向前伸直，双脚脚背绷直，如图 5-19（a）所示；然后，同时勾起双脚，脚尖朝向身体方向，脚跟向上抬离地面，在此过程中，双脚始终都要紧贴在一起，如图 5-19（b）所示；接着，在勾脚的基础上，双脚脚跟并拢，脚部和腿部外旋，使两个脚的脚尖向外，双脚成八字状，如图 5-19（c）所示；脚尖向外画圆，画完一圈后，再回到绷脚状态。

扫一扫
勾绷脚训练

（a）　　　　　　　　　（b）　　　　　　　　　（c）

图 5-19　勾绷脚训练

2. 地面压腿训练

（1）地面压前腿的训练动作：坐于地面，后背直立，双臂伸直放于身体两侧，手指指尖点地，双腿并拢向前伸直，双脚脚背绷直，双手同时向上抬形成三位手，如图 5-20（a）所示；然后，上身用力向前、向下俯压，使胸部尽量贴近大腿，双手尽量去轻触脚尖或抱住双脚，如图 5-20（b）所示；保持数秒后，起上身。

（a）　　　　　　　　（b）

图 5-20　地面压前腿

（2）地面压旁腿的训练动作：坐于地面，左腿向内弯曲，脚跟贴于大腿根部，右腿向身体右侧伸直，双脚脚背绷直，左手向上抬起形成三位手，右手放于身前指尖点地，如图 5-21（a）所示；上身用力向右侧侧压，用右肩去贴右腿大腿，左手手指轻轻贴住右脚脚背，右臂贴于地面并向右前方延伸，如图 5-21（b）所示；保持数秒后，起上身，换另一侧做相同动作。

（a）　　　　　　　　　　　　　　（b）

图 5-21　地面压旁腿

3．仰卧伸吸腿训练

训练动作：平躺于地面，双臂伸直放于身体两侧，双腿并拢伸直，双脚脚背绷直；然后，右腿不动，左腿屈膝，膝盖朝上，绷脚尖，使左脚贴近右腿膝盖内侧，注意左脚脚尖点地，不要全脚踩在地面上，如图 5-22（a）所示；接着，左脚脚尖带动左腿小腿向上伸直，使双腿夹角成 90°，如图 5-22（b）所示；保持数秒后，放下左腿，换右腿做相同动作。

（a）　　　　　　　　　　　　　　（b）

图 5-22　仰卧伸吸腿训练

（二）把上训练

1．扶把擦地训练

（1）前擦地的训练动作：一条腿作为主力腿支撑身体，并控制好身体重心，另一条腿作为动力腿与主力腿保持平行状态，然后沿地面向前擦出；擦地时，动力腿由脚跟带动，脚跟发力向前，脚背、脚弓、脚尖依次绷起，最后脚尖点地，如图 5-23 所示；在不影响主力腿重心的情况下，动力腿应尽可能向远处伸展；坚持一段时间后，动力腿由脚尖带动，脚尖发力向后，使脚弓、脚背、脚跟依次收回。

图 5-23　前擦地

名词解释 ●●●●●●

　　主力腿：指支撑身体重量的腿。

　　动力腿：指用于做迈步、举腿等各种动作的腿。

　　（2）旁擦地的训练动作：与前擦地的要领一样，只不过动力腿是向旁边擦地，如图 5-24 所示。

　　（3）后擦地的训练动作：与前擦地和旁擦地不同，动力腿在擦地出去时应由脚尖带动，擦地收回时应由脚跟带动，如图 5-25 所示。

图 5-24　旁擦地　　　　　　　图 5-25　后擦地

> **小贴士**
>
> 擦地要领：
>
> （1）在整个擦地的过程中，双腿都要保持直立，膝盖伸直。
>
> （2）擦地的腿是动力腿，身体重心始终在主力腿上，不能移动。
>
> （3）坚持在地面上"擦"，动力腿的脚趾始终不能离地。

2. 扶把蹲姿训练

（1）半蹲的训练动作：下蹲时，双腿保持外开，膝盖朝脚尖的方向，下蹲到脚腕与脚背有挤压感、跟腱略有一点紧张的位置即可，脚跟不要抬起。站起时，要有用力推地板的感觉。

扫一扫
扶把蹲姿训练

（2）全蹲的训练动作：基本要领同半蹲一样，只不过在下蹲到最大程度时，脚跟被迫离开地板，直到不能蹲为止。需要注意的是，在下蹲过程中，脚跟一定不能主动抬起，而是要由腿部的深蹲带动脚跟微微抬起。

在芭蕾的五个基本脚位中，每个脚位都有半蹲和全蹲，常用的是一位蹲、二位蹲和五位蹲，如图5-26所示。

（a）　　　　　（b）　　　　　（c）

（d）　　　　　（e）　　　　　（f）

图5-26　芭蕾中常用的半蹲和全蹲

（a）一位半蹲；（b）一位全蹲；（c）二位半蹲；（d）二位全蹲；（e）五位半蹲；（f）五位全蹲

小贴士

蹲的要领：

（1）蹲之前先吸气，在下蹲的过程中缓慢呼气，站起时随着腿部的逐渐伸直再吸气。

（2）蹲时必须稳住上身。

3．扶把压腿训练

（1）压前腿的训练动作：面向把杆站立，后背挺直，左手扶把，右手三位，主力腿站立于地面，膝盖挺直并保持外开，动力腿伸直，绷脚背并放于把杆上，如图 5-27（a）所示；然后，双腿保持不动，上身向下压，用腹部贴大腿，胸部贴膝盖，下巴贴小腿，右手放于右脚边，如图 5-27（b）所示；起身时，由头部带动上身，同时头部要和脊柱保持一条直线。

（a）　　　　　　　　　　（b）

图 5-27　压前腿

（2）压旁腿的训练动作：面向把杆站立，后背挺直，左手扶把，右手三位，主力腿站立于地面，膝盖挺直并保持外开，动力腿伸直，绷脚背并侧放于把杆上，如图 5-28（a）所示；然后，双腿保持不动，上身尽力向动力腿方向侧压，用肩膀贴大腿，头部贴膝盖，右手轻触左脚脚尖，如图 5-28（b）所示；起身时，由头部带动上身并和脊柱保持一条直线。

（a）　　　　　　　　　　（b）

图 5-28　压旁腿

4. 扶把划圈训练

训练动作：侧立于把杆前，后背挺直，左手扶把，右手和双脚都成一位；然后，主力腿直立于地面保持不动，动力腿的脚尖向前擦地，膝盖挺直并保持外开，同时右手经过二位打开至七位，如图 5-29（a）所示；接着，动力腿的脚尖带动动力腿从前划四分之一圈到正旁，如图 5-29（b）所示；动力腿继续向身后滑动，脚尖向后擦地，如图 5-29（c）所示；最后，动力腿划至起始位置，脚收回到一位。需要注意的是，在划圈过程中，动力腿的脚尖应始终不离地面。

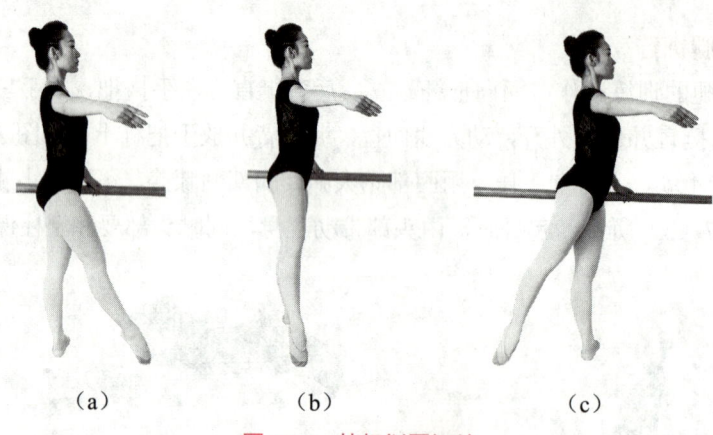

（a）　　　　　　　（b）　　　　　　　（c）

图 5-29　扶把划圈训练

5. 扶把小踢腿训练

扶把小踢腿训练同扶把擦地训练有许多相同之处，它是从扶把擦地训练的动作发展而来的。不同的是，扶把擦地训练是在地面上做停留，而扶把小踢腿训练是经过擦地后在空中与地面成 25°处做停留。另外，扶把小踢腿训练比扶把擦地训练更用力，动力腿踢出时要像射箭一样迅速敏捷。

训练动作：侧立于把杆前，后背挺直，左手扶把，右手七位，双脚一位，如图 5-30（a）所示；然后，动力腿先向前擦地，再离地上抬 25°并停留，如图 5-30（b）所示；收回时，动力腿先落下 25°成前点地姿势，再擦地收回到一位，如图 5-30（c）所示。整个过程中，动作要迅速而有力。

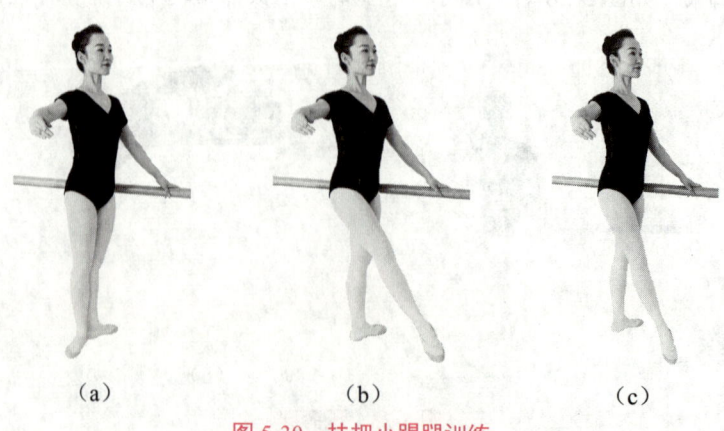

（a）　　　　　　　（b）　　　　　　　（c）

图 5-30　扶把小踢腿训练

6．扶把大踢腿训练

（1）正踢腿的训练动作：侧立于把杆前，后背挺直，左手扶把，右手七位，双脚一位；动力腿向前擦地后，用脚背的力量快速有力地向前踢起，使双腿角度等于或大于 90°，主力腿始终保持直立状态，如图 5-31 所示。需要注意的是，在踢腿过程中，胯不要后坐，腿要有控制地上摆。

（2）旁踢腿的训练动作：面向把杆站立，后背挺直，双手扶把，双脚一位；动力腿向前擦地后，并用脚背的力量快速有力地外开向旁踢起，使双腿角度等于或大于 90°，主力腿始终保持直立状态，如图 5-32 所示。

（3）后踢腿的训练动作：面向把杆站立，后背挺直，双手扶把，双脚一位；动力腿先向前擦出，再经擦地向后踢起，如图 5-33 所示。注意踢腿时上身略前倾，落地时绷脚点地收回。

图 5-31　正踢腿　　　　图 5-32　旁踢腿　　　　图 5-33　后踢腿

（三）把下训练

1．小跳训练

训练动作：抬头挺胸，双手叉腰或一位，双脚一位；屈双膝向下半蹲，接着双脚用力蹬地快速起跳；在起跳过程中需双膝伸直，脚绷直，脚尖朝下，腰背挺直，上身始终保持直立，如图 5-34 所示；落地时，动作要轻，先脚尖着地，再过渡到全脚掌着地。

扫一扫
小跳训练

2．平转训练

训练动作：挺胸抬头，双手六位，双脚一位；然后，右脚绷直向前伸，脚尖点地，如图 5-35（a）所示；再以右脚为中心轴，身体逆时针旋转 180°，同时右手打开至七位，双腿并拢直立，双脚脚尖着地，如图 5-35（b）所示；接着，以左脚为中心轴，身体继续逆时针旋转 180°。在旋转过程中，应注意上身始终保持直立，双脚交替在一条直线上，目光始终看向行进的方向。

图 5-34　小跳训练

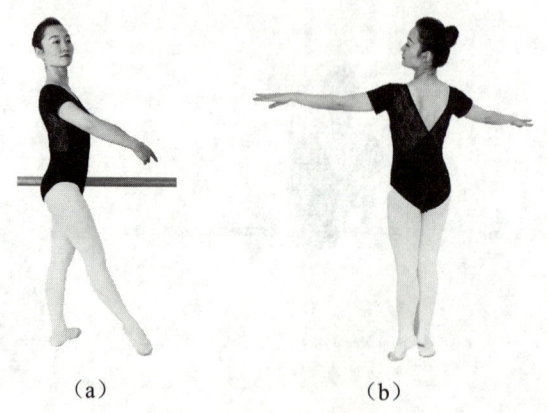

（a）　　　　　　　　（b）

图 5-35　平转训练

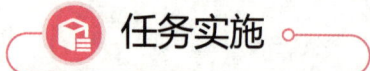 **任务实施**

芭蕾小竞赛

实施步骤：

（1）全班学生分成若干个小组，每组 5～6 人，并选出一名学生担任计分员。

（2）教师将事先准备好的芭蕾图片逐个进行展示，图片包括芭蕾基本体态训练及组合训练中的各种动作，各小组以抢答形式回答图片中的动作名称，每答对一题，记 5 分。

（3）请各组推选男、女代表各一位，代表本组进行比赛。教师随机说出若干个芭蕾训练动作的名称，然后各组代表依次做出相应动作。教师和全班学生共同对各组代表的动作标准度进行评议，从中选出动作最标准、最到位的男、女学生各一名，并给其所在小组记 10 分。

（4）计分员计算各组得分并公布，得分最高的一组即为获胜组。

（5）教师做总结性发言。

民航之声

杨荃：平凡岗位，不凡奋斗

作为昆明航空乘务长中的一员，杨荃每天都要面对络绎不绝的乘客，为乘客做安全提示、服务乘客、为乘客解决困难，尽职尽责地做好一个乘务人员的本职工作。

在一次昆明至西安的航班上，按规定须要求所有乘客填写风险信息登记表。当时，一名聋哑乘客不明白这一项内容，杨荃便为他细心讲解，同时将需要填写的内容和注意事项写在纸上，直到乘客明白该如何正确填写。部分老年乘客也表示不理解，她便一一为乘客细心讲解，直到机舱所有乘客的信息都确保无误。

她说，面对不同的乘客，乘务员要掌握不同的服务要点，发挥语言艺术在服务中的神奇作用，并总结出"少说抱怨话，多说宽容话；少说讽刺话，多说尊重话；少说拒绝话，多说关怀话"等原则。

她经常走动于客舱内，时刻关注旅客的各种需求，用亲切的口吻询问和解答乘客的疑问，事无巨细，事必躬亲，每一次得到乘客的感谢内心总会泛起阵阵涟漪。

遥看万家灯火，听他人相聚笑语。每一个空乘人员都经历过许多次无法团圆的春节，这个春节，杨荃还是没有回家，而是选择坚守岗位。

她说，平凡的世界里，每个人都是自己人生的主角，每一天都是平凡的一天，但每个人都可以为自己而努力奋斗，都可以向社会贡献一分力量。作为空乘人员，应该尽自己的力量，为乘客提供宾至如归的服务，多为乘客着想。

任务二　中国古典舞训练

任务描述

中国古典舞是我国舞蹈艺术中的一个类别。它是在中国民间传统舞蹈的基础上，经过较长时间的提炼、加工和创造而形成的具有中国古典风格的舞蹈，具有严谨的程式、规范的动作和高超的技巧。古典舞训练可以帮助练习者塑造优美的体形、舒展的舞姿，培养高雅的气质和风度。本任务将讲解中国古典舞的相关知识，包括中国古典舞的基本手形手位、基本脚形脚位、基本站式、基本舞步及基本身韵动作训练等内容。

 知识讲解

 一、中国古典舞概述

中国古典舞是中华民族传统文化的传承经典，在舞蹈史上具有重要地位。中国古典舞起源于中国古代，融合了武术、戏曲中的许多动作和造型，极富韵律感、造型感，以及刚柔并济的美感。它的音乐大多采用中国特有的民族乐器演奏，如古筝、二胡、琵琶等。

中国古典舞最主要的特点就是讲究"身韵"。"身韵"中的"身"即身法，是指舞蹈的技能方法；"韵"即韵律，是指舞蹈所展现出来的神韵。身韵就是身法与韵律的结合，追求的是"形"与"神"的完美统一。

中国古典舞的身韵主要有四种表现手段，分别是"形、神、劲、律"。这四种表现手段既是身韵的基本动作要素，也是对中国古典舞内涵的精确概括。

（1）"形"是指形体动作，凡是看得见的形态和过程都可称为"形"。"形"是形象艺术最基本的特征，也是表现古典舞之美的媒介。要想让舞蹈有"形"，就必须遵循"拧、倾、圆、曲"的基本原则，即以腰部为轴带动上身做出"拧"和"倾"的动作，并以"划圆"为路线主体，以优秀的传统动作为基础，真正展示出中国古典舞的形式之美。

（2）"神"是指内涵、精神、神采和气质。"神"是舞者心理和内涵的表达，舞者通过优美的肢体语言来表达自己丰富的情感，从而呈现出整个舞蹈的神韵。同时，中国古典舞讲究"以神领形，以形传神"，只有抓住"神"，才能使"形"具有生命力，融入了内心情感的古典舞才能更好地绽放光彩。

（3）"劲"是指对动作力度进行处理，并从舞蹈节奏、对比度、层次感等方面进行掌控。中国古典舞的节奏通常舒而不缓、紧而不乱、动中有静、静中有动，舞者需要在相对自由而有规律的弹性节奏中舞蹈。因此，舞者必须将"劲"贯穿于整个舞蹈的始终，把握好动作的力量和尺度，将动作做出轻重、缓急、长短等方面的差异，不能趋于平均。

（4）"律"是指规律，即动作本身的律动和规律。一般来说，中国古典舞动作之间的连接要遵循古典舞律动中的"正律"，即舞蹈动作的连接流畅，给人一种行云流水的感觉。与"正律"相对的是"反律"，它的舞蹈动作常常会"反其道而行"，给人以独特美感。例如，"双晃手"动作中，当手臂向左晃时，身体要有右拉之势。这种正反相衬突出了舞蹈动作的圆润与韵味，产生了出其不意、瞬息万变的效果。

> **小贴士**
>
> ### 中国古典舞的起源与发展
>
> 　　中国古典舞有着极为悠久的历史，其渊源可以追溯到中国古代宫廷舞。从周代开始，到汉、两晋乃至五代时期，每一代的宫廷中都设有专门的乐舞机构，用来集中培养专业的乐舞人员，并对流行于民间的自娱性舞蹈和表演性舞蹈进行整理、研究、加工和发展，由此逐渐发展成了中国古代宫廷舞。宋代以后，宫廷舞开始衰退，戏曲艺术迅速崛起。戏曲中的舞蹈吸收了宫廷舞的精华，并结合民间舞蹈，发展出了璀璨的戏曲表演艺术。
>
> 　　20世纪50年代初期，中国舞蹈工作者为发展民族舞蹈艺术，从中国戏曲表演中提取舞蹈素材，并借鉴中华武术和芭蕾等舞蹈形式的精华，建立起一套具有中国特色的古典舞体系。为了更好地进行推广，舞蹈工作者们还编排并演出了《宝莲灯》《小刀会》《春江花月夜》等一系列具有中国古典舞风格的经典剧目，使中国古典舞成为我国传统文化和民族气质的重要组成部分，为我国舞蹈艺术的发展增添了活力。

二、基本手形手位训练

（一）基本手形训练

1. 掌形

（1）女士掌形又称兰花掌，其动作要领如下：中指和拇指微靠拢，其余三指用力往上翘起，手呈兰花状，如图5-36所示。

（2）男士掌形又称虎口掌，其动作要领如下：五指伸直，虎口撑开，掌心向下，食指至小指自然并拢，指尖绷紧并微微上翘，如图5-37所示。

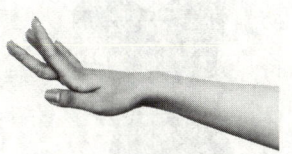

图5-36　女士掌形

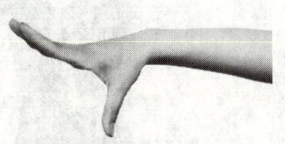

图5-37　男士掌形

2. 指形

（1）女士指形又称兰花指，其动作要领如下：拇指与中指弯曲相搭，呈"O"状，食指伸出上翘，其余两指松弛地与中指并拢，如图5-38所示。

（2）男士指形又称剑指，其动作要领如下：食指与中指伸直并拢，指根用力，两指微微上翘，拇指、无名指、小指相贴呈圆形，如图5-39所示。

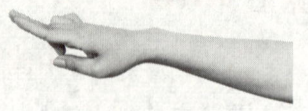

图 5-38　女士指形　　　　　　图 5-39　男士指形

3．拳形

（1）女士拳形动作要领：拇指与食指、中指相贴，其他两指依次弯曲并拢并贴于中指，形成拳形，如图 5-40 所示。

（2）男士拳形动作要领：自食指起的四指合拢握紧，拇指贴在食指上，手腕微向里扣，形成拳形，如图 5-41 所示。

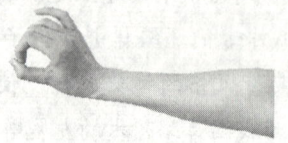

图 5-40　女士拳形　　　　　　图 5-41　男士拳形

（二）基本手位训练

1．按掌

训练动作：男、女各持虎口掌和兰花掌，一手臂屈肘内收，大臂至手指呈圆弧形放于胸腹之间的位置，并距身体约两拳的距离，掌心向下，另一手背手放于身后，如图 5-42 所示。按掌可单手做，也可双手做。

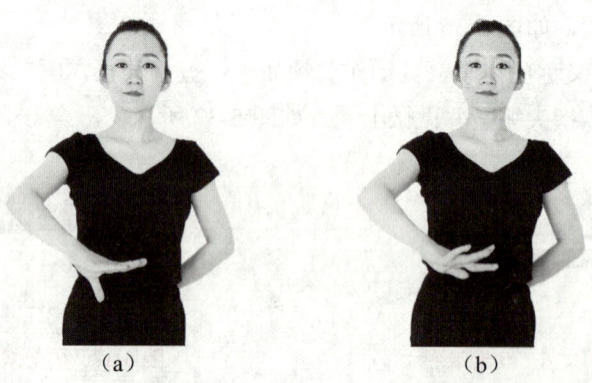

（a）　　　　　　　　　　　（b）

图 5-42　按掌

（a）男士按掌；（b）女士按掌

2．托掌

训练动作：男、女各持虎口掌和兰花掌，将双臂向上撑直，呈圆弧形置于头顶上方，掌心向上，如图 5-43 所示。托掌可单手做，也可双手做。

（a）　　　　　　　　　　（b）

图 5-43　托掌

（a）男士托掌；（b）女士托掌

3. 提襟

训练动作：男、女各持男士拳形和女士拳形，手臂呈圆弧形置于身体的侧斜前方，手部位置大体与身体的胯部持平，如图 5-44 所示。提襟可单手做，也可双手做。

图 5-44　提襟

4. 山膀

训练动作：男、女各持虎口掌和兰花掌，将手臂抬至身旁，位置略低于肩部，掌心分别朝向身体两侧，手指指尖朝前。一手臂抬起称为单山膀，双臂抬起称为双山膀，如图 5-45 所示。

（a）　　　　　　　　　　（b）

图 5-45　山膀

（a）单山膀；（b）双山膀

5. 托按掌

训练动作：男、女各持虎口掌和兰花掌，一手做托掌，一手做按掌，如图 5-46 所示。

（a）　　　　　　　　（b）

图 5-46　托按掌

（a）男士托按掌；（b）女士托按掌

6. 双展翅

训练动作：男、女各持虎口掌和兰花掌，双臂从身体两旁斜向上 45°伸直，像翅膀一样，如图 5-47 所示。

（a）　　　　　　　　（b）

图 5-47　双展翅

（a）男士双展翅；（b）女士双展翅

7. 顺风旗

训练动作：男、女各持虎口掌和兰花掌，一手做托掌，一手做山膀，如图 5-48 所示。

（a）　　　　　　　　（b）

图 5-48　顺风旗

（a）男士顺风旗；（b）女士顺风旗

✈ 三、基本脚形脚位训练

（一）基本脚形训练

（1）勾脚：拇指带动全脚向上回勾到最大限度，脚心向上翻，如图 5-49 所示。

（2）绷脚：拇指向下压，脚背向上绷起，如图 5-50 所示。

（3）扣脚：在绷脚的基础上，踝关节处向内翻，注意脚尖、脚腕要最大限度地向里弯曲，如图 5-51 所示。

（4）勾绷脚：拇指向上回勾，脚背向上绷起，如图 5-52 所示。

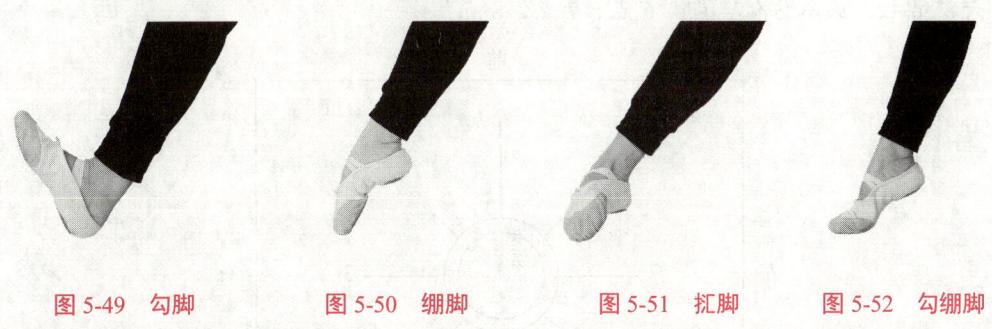

图 5-49　勾脚　　　　图 5-50　绷脚　　　　图 5-51　扣脚　　　　图 5-52　勾绷脚

（二）基本脚位训练

1. 正步

训练动作：双腿直立并拢，两脚靠紧，脚尖朝向正前方，如图 5-53 所示。

2. 丁字步

丁字步有左右之分，左脚在前为左丁字步，右脚在前为右丁字步。

训练动作（以右丁字步为例）：双腿直立并拢，右脚脚跟紧靠在左脚的足弓处，右脚脚尖朝向 2 点钟方向，左脚脚尖朝向 8 点钟方向，两脚呈"丁"字状，如图 5-54 所示。左丁字步动作方向相反。

图 5-53　正步　　　　　　　图 5-54　丁字步

 知识角

舞蹈方位

　　舞蹈方位是规范舞蹈者面向、走向的专业术语。它是指在一个舞步结束时，舞者的双脚所面对、背对的方向或指示舞步运行的方向。通常以舞者双脚的正前方为标准进行顺时针转动，每转 45° 为一个点，可以分为八个点，如图 5-55 所示。根据这八个点位，舞蹈方位也可以分为八个：身体正前方为第一方位，即"1 点"；身体右斜前方、右侧方、右斜后方分别为第二、第三、第四方位，即"2 点、3 点、4 点"；身体正后方为第五方位，即"5 点"；身体左斜后方、左侧方、左斜前方分别为第六、第七、第八方位，即"6 点、7 点、8 点"。

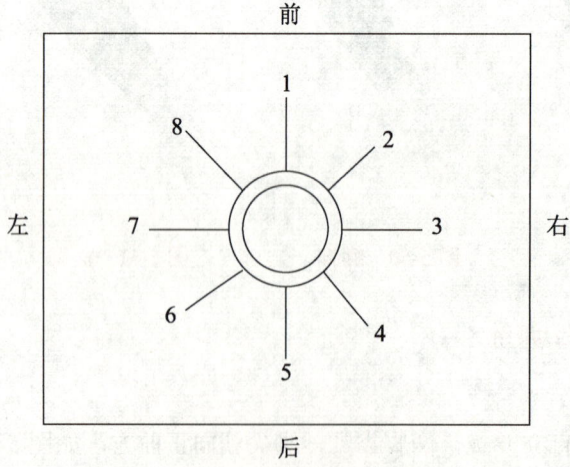

图 5-55　舞蹈方位

3. 八字步

（1）小八字步的训练动作：双腿直立并拢，两脚脚跟相靠，脚尖分别朝向 2 点和 8 点方向，呈小八字状，如图 5-56 所示。

（2）大八字步的训练动作：在小八字步的基础上，两脚脚跟一字分开，与肩同宽或略超过肩宽，如图 5-57 所示。

 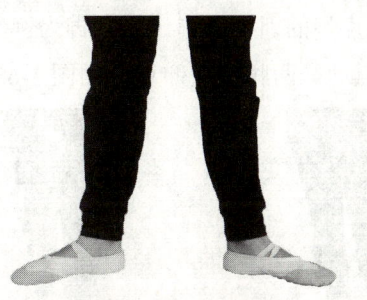

图 5-56　小八字步　　　　　图 5-57　大八字步

4. 踏步

训练动作：在小八字步的基础上，一脚向另一脚的斜后方伸出，前脚掌着地，膝盖稍弯，并与前腿膝盖后侧相靠，同时将身体重心转移到前腿上，如图 5-58 所示。

5. 大掖步

训练动作：在踏步的基础上，前腿屈膝，后腿绷脚向后伸直，脚背点地，两腿大腿根部相靠，身体略向前倾，身体重心仍保持在前腿上，如图 5-59 所示。

扫一扫
中国古典舞基本脚位组合

6. 弓箭步

训练动作：在丁字步的基础上，前脚沿脚尖方向伸出，屈膝，小腿垂直于地面，与大腿成稍大于 90°的钝角，后腿绷直向后伸，两脚脚尖朝向正前方，同时将身体重心转移到两腿之间，如图 5-60 所示。

图 5-58　踏步　　　　　　图 5-59　大掖步　　　　　　图 5-60　弓箭步

7. 点步

（1）前点步的训练动作（以右脚为例）：在小八字步的基础上，右脚绷脚向前擦出，脚尖点地，两腿膝盖伸直，如图 5-61 所示。

（2）后点步的训练动作（以左脚为例）：在小八字步的基础上，左脚绷脚向后擦出，脚尖点地，两腿膝盖伸直，如图 5-62 所示。

（3）旁点步的训练动作（以右脚为例）：在小八字步的基础上，右脚绷脚向身体右侧擦出，脚尖点地，两腿膝盖伸直，如图 5-63 所示。

图 5-61　前点步　　　　图 5-62　后点步　　　　　　图 5-63　旁点步

四、基本站式训练

（一）小八字步垂手站

训练动作：身体直立，头面向正前方，双目平视凝神，双肩放松，双臂自然下垂，双脚自然靠拢成小八字状，如图 5-64 所示。

（二）小八字步背手站

训练动作：身体直立，头面向正前方，双目平视凝神，双肩放松，双手背于身后，手背贴于胯部，双肘微微向前扣，双脚自然靠拢成小八字状，如图 5-65 所示。

（三）丁字步垂手站

训练动作：双脚立成丁字步，头和前脚脚尖朝向 8 点或 2 点方向，身体朝向 2 点或 8 点方向，双目平视凝神，双臂自然下垂，小腹收紧，气息上提，如图 5-66 所示。

（四）丁字步叉腰站

训练动作：基本要求同丁字步垂手站，但双手要叉腰，双肘微微向前扣，身体重心微向前，如图 5-67 所示。

（五）踏步站

训练动作：基本要求同丁字步垂手站，但双脚为踏步，身体重心微微向前，手可自然下垂，也可叉腰，如图 5-68 所示。

（六）旁点步站

训练动作：基本要求同小八字步背手站，但双脚为旁点步，如图 5-69 所示。

（七）前点步站

训练动作：基本要求同小八字步背手站，但双脚为前点步，如图 5-70 所示。

图 5-64　小八字步垂手站　　　图 5-65　小八字步背手站　　　图 5-66　丁字步垂手站

图 5-67　丁字步叉腰站　　　图 5-68　踏步站　　　图 5-69　旁点步站　　　图 5-70　前点步站

五、基本舞步训练

（一）圆场

训练动作：正步准备；起步时，右脚脚尖微向外撇，勾脚向前迈出，右脚脚跟先着地，随即压脚掌，全脚着地，如图 5-71 所示；右脚脚掌着地的同时，左脚勾脚顺势往前迈步，左脚脚跟落于右脚脚尖前。行进过程中，腿部要自然、不僵直，双膝内侧要贴紧，双脚要交替连续上步前移。

扫一扫
圆场

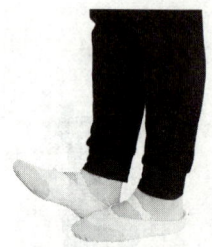

图 5-71　圆场

初学者练习圆场时，可先采用"半步"的方法，即行进脚的脚跟落在另一脚的脚弓处，其他要求同上。这样做能使初学者更好地掌握身体重心，并体会勾压脚的过程。此外，圆场的速度分为快速、中速和慢速三种，初学者一般应从慢速开始练习。

（二）花梆步

扫一扫
花梆步

训练动作：双膝并拢微屈，踝关节放松，双脚贴紧，前脚掌着地；然后，双脚依次抬起，一起一落快速交替行进，步子始终保持小而碎，如图 5-72 所示。一般来说，向前方行进时，一脚先向前迈半步，使足弓处对齐另一脚的脚尖，落地的同时另一脚快速向前迈半步；向后方行进时，基本要求与向前行进的相同，只是脚是向后撤步；向侧方行进时，一脚先向侧方迈半步，另一脚快速跟上靠拢。

图 5-72　花梆步

（三）云步

训练动作：小八字步准备；起步时，双膝微屈，一脚踝关节外翻，脚尖微向外撇，向前迈一大步，落地时脚跟先着地，再过渡到全脚掌着地，如图 5-73（a）所示；前脚落地的同时，另一脚抬脚跟迈步上前，双脚交替连续上步前移，如图 5-73（b）所示。

扫一扫
云步

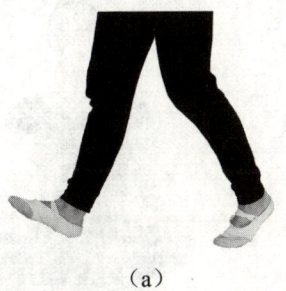　　

（a）　　　　　　　　　　　　（b）

图 5-73　云步

六、基本身韵动作训练

（一）坐

训练动作：盘腿坐，即臀部全部着地，双腿交叉盘起，后背挺直，肩部放松，双手手腕轻搭于膝上或将双手背于身后，双眼平视前方，如图 5-74 所示。

图 5-74　坐姿

（二）沉

训练动作：在盘腿坐的基础上，通过呼气使气息下沉，直至气沉丹田；在此过程中，以沉气之力带动腰椎一节一节地下压，直至形成胸微含、身微弯的姿势，眼皮也随着徐徐放松，如图 5-75 所示。

（三）提

训练动作：在"沉"的基础上，通过吸气使气由丹田提至胸腔；在此过程中，以提气之力带动腰椎一节一节地直立，直至回归盘腿坐的姿势；同时，眼皮逐渐张开，瞳孔放神，如图 5-76 所示。

图 5-75　沉　　　　　　　　　　　图 5-76　提

（四）冲

训练动作：在"沉"的过程中，用肩的外侧和胸大肌向 2 点或 8 点方向水平冲出，肩部要与地面保持平行，要感觉腰侧肌被拉长，眼睛看向冲的方向，切忌上身前倾，如图 5-77 所示。

（五）靠

训练动作：在"沉"的过程中，用后肩部带动上身靠向 4 点或 6 点方向，要感觉前肋往里收，后背侧肌拉长，肩部与地面保持平行，切忌有向后躺倒之感；头部向下微含，眼睛看向 3 点或 7 点方向，如图 5-78 所示。

图 5-77　冲　　　　　　　　　　　图 5-78　靠

（六）含

训练动作：在"沉"的过程中，用胸部带动上身内收，双肩向里内扣，腰椎成弓形，含胸低头，如图 5-79 所示。需要注意的是，含不是弯腰，而是双肩内收与胸腔收缩。

（七）腆

训练动作：与"含"动作相反，在"提"的过程中，双肩向后展开，胸部尽量前探，脊柱伸直，颈部拉长，头微仰，使肩和胸完全舒展开，如图 5-80 所示。

图 5-79　含　　　　　　　　　　　　图 5-80　腆

（八）横移

训练动作：在"沉"的过程中，以腰部为发力点，用肩带动躯干向 3 点或 7 点方向横向移动，同时头部偏向身体运动的反方向，如图 5-81 所示。

（九）旁提

训练动作：双腿跪地，双手背后；在"提"的过程中，以腰部为发力点，一侧身体慢慢向上提；上提时应注意以腰带肋、以肋带肩做弧线运动，使侧腰有明显的拉伸感，最后形成旁提状，如图 5-82 所示。

图 5-81　横移　　　　　　　　　　图 5-82　旁提

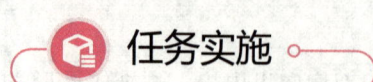

中国古典舞展示

实施步骤：

（1）全班学生分成若干个小组，每组 6～8 人，并选出一名组长。

（2）各组组长带领小组成员练习中国古典舞的基本体态、基本舞步及基本身韵动作。

（3）各组选择一首适合古典舞的音乐，并由组长组织讨论如何配合音乐编排一组古典舞动作，舞蹈时长控制在 2 分钟左右。

（4）各组配合音乐展示本组的古典舞。

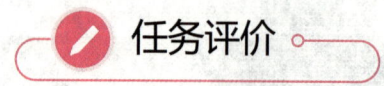

教师和学生一起对各组的表现进行评价并给出建议，然后参照表 5-1 为各组的表演打分。

表 5-1　任务实施评价表

序号	评价内容	分值	小组评分 （40%）	教师评分 （60%）
1	手形手位与脚形脚位的形态、位置正确，舞步姿态优雅、舒展，身韵动作规范	30		
2	各动作之间的衔接自然、流畅	30		
3	舞蹈整体编排合理、连贯、完整，表演形式新颖	20		
4	舞蹈动作与音乐旋律吻合，能突出中国古典舞的独特韵味	20		
合　计		100		

民航之声

于树鹏：退伍，只是"战场"的转移

"退伍，只是'战场'的转移。真正的军人即便脱下军装，依然会保持军人的信念和勇敢。"海航航空旗下北部湾航空安保部安全员于树鹏说。走出部队后，于树鹏奋斗在航空安全员的岗位上，安全员工作是他军旅生涯的延续，也是他为之热爱的事业。

2017年8月入职北部湾航空至今，于树鹏始终保持退伍不退志、为群众服务的优良作风，履行着"蓝天卫士"职责。2018年12月3日，于树鹏在进行航空器落地清舱时，发现了一名旅客落下的黑色皮包，他第一时间通知乘务长，并将皮包交给地面工作人员联系失主，发扬了拾金不昧的精神。

于树鹏执行任务的航班有时会受到恶劣天气影响而顺延，每次他都能与机组人员周密部署、共同协作，全力配合公司有关部门开展保障工作，在执行期内按时按质完成航班保障任务。

"从细节入手，从点滴做起，时刻把空防安全牢记于心。"这是于树鹏在民航工作中的座右铭。他始终将民航局"三个敬畏"精神和"安全第一"思想牢记于心，并将其认真贯彻落实到日常工作中的每一个细节中。

在退伍军人"离军不离党，退伍不退志"的精神指引下，于树鹏将继续前行，坚守安全发展理念，为筑牢民航航班"安全堡垒"贡献自己的力量。

任务三　中国民族舞训练

📖 任务描述

民族舞受民族性格、民族传统、生活方式及风俗习惯等因素的影响，在不同的国家和地区存在着明显差异。中国民族舞是中国舞的一个分支。它产生并流传于我国民间，并伴

随着我国不同历史时代的变迁而不断发展，是我国舞蹈艺术中的重要组成部分。通过中国民族舞的学习，不仅有利于练习者了解各民族舞蹈的形式、特点，塑造良好的体型，提升自身气质，也有利于了解与发展不同民族的民族精神与民族文化。

　　本任务中将讲解中国民族舞中的维吾尔族舞、蒙古族舞和朝鲜族舞的相关知识，主要包括这几种民族舞的基本体态、基本舞步与基本技巧训练等内容。

 知识讲解

 一、中国民族舞概述

　　中国民族舞是一种产生、流传在民间，由各族劳动人民在长期的历史进程中集体创造并不断积累、发展、传承的舞蹈。它根植于广大群众中，真实反映了各族群众的生活、思想感情和理想愿望，是人民劳动与生活的缩影，也是各民族社会历史文化的深层积淀。

　　中国民族舞种类繁多，体现了各民族的民族特色，是各民族发展的重要产物及智慧结晶。具体来说，其具有以下几个特点：

　　（1）民族性。中国民族舞是各民族展现民族精神和民族文化，反映民族风土人情的一种重要艺术表现形式，不同民族的民族舞被赋予了不同的思想及含义。因此，在民族舞的表演中，通过对舞蹈动作、身体形态、服饰道具及内在情感的表现，能够鲜明地呈现出本民族的独特魅力。例如，蒙古族舞粗犷、洒脱，体现出蒙古族人民豪迈、坚定的性格；维吾尔族舞活泼、轻快，体现出维吾尔族人民活泼、热情的性格；等等。

　　（2）地域性。中国民族舞是依托于地域文化而发展起来的舞蹈形式。由于地域的不同，所形成的舞蹈风格、形式等也各具特色。例如，生活在草原的民族创造了气势恢宏、博大的游牧舞蹈；生活在江河平原地带的民族则创造了风格细腻、欢娱的农耕舞蹈；等等。

　　（3）群众性。中国民族舞产生于民间，是广大人民群众共同创造的精神财富，充分反映了人民群众的日常生活和精神面貌。例如，壮族舞蹈《采茶舞》展现了壮族人民采茶时忙碌而欢快的劳动场面；彝族舞蹈《喜背新娘》展现了彝族婚礼仪式中"抢亲"的精彩场面；等等。

　　（4）娱乐性。中国民族舞大多与人民群众的娱乐活动紧密联系，是广大人民群众自娱自乐的艺术表现形式，能够调剂人们的生产和生活，营造出轻松、愉快的环境。例如，黎族的《竹竿舞》是黎族人民平时最为喜爱的一种文化娱乐方式；维吾尔族的《赛乃姆》是维吾尔族人民常在节日或劳动后的即兴歌舞；等等。

二、维吾尔族舞

（一）维吾尔族舞概述

新疆素来有"歌舞之乡"的美誉，维吾尔族舞就是生活在这里的维吾尔族人民创造的歌舞艺术。维吾尔族舞热情奔放、轻快抒情、动作优美。具体来说，它具有以下几个特点：

（1）体态：通常遵循昂首、挺胸和立腰三项基本原则，做到挺而不僵。

（2）动作：对头、肩、臂、肘、腰、膝、脚等身体各部位，都有规范性的动作要求；维吾尔族舞还特别擅长运用头部和手腕，通过移颈、摇头、翻手腕、绕手腕等丰富多变的修饰性动作，充分展现了舞蹈的动感与美感，使其别具一格。

（3）动律：微颤是维吾尔族舞蹈中最富特色的动律，它是指膝部有规律性地连续微颤，或者变换动作时一瞬间的微颤，可以使舞蹈动作柔和优美、衔接自然；维吾尔族舞还喜欢在舞蹈进行到高潮时，运用快速的旋转表现热情和豪放。

名词解释

动律：是指舞蹈表演中由一个带有主题性的动作以及其他的配合性动作构成的动作组合。

（二）基本体态训练

1. 基本手形训练

女士手形为立腕手，其动作要领如下：手掌直立，五指张开，拇指与中指自然弯曲并互相靠近，其余三指略弯曲，如图 5-83 所示。

男士手形为平手，其动作要领如下：自然掌形，拇指张开，另外四指并拢伸直，有时稍立腕，如图 5-84 所示。

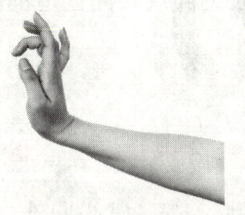

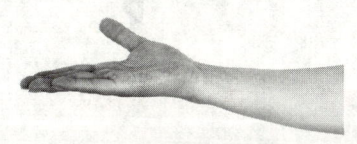

图 5-83　立腕手　　　　　　　　　图 5-84　平手

2. 基本手位训练

山膀立腕位：双臂侧平举，双手立腕，掌心向外，如图 5-85 所示。

叉腰位：双手虎口打开并叉于腰间，掌心向下，指尖相对，如图 5-86 所示。

提裙位：双臂侧下举，手臂与上身的夹角成15°，掌心向下，如图 5-87 所示。

图 5-85　山膀立腕位　　　　　图 5-86　叉腰位　　　　　图 5-87　提裙位

胸前交叉位：双手立腕，两个手腕在胸前交叉，掌心向外，指尖朝上，如图 5-88 所示。

双托位：双臂从身体两侧向上举至头顶上方，两手指尖相对，掌心向上，如图 5-89 所示。

托按位：一手在胸前按掌，另一手在头顶上方托掌，如图 5-90 所示。

托帽位：一手在脑后做托帽状，掌心向上，指尖在耳朵的斜后方弯曲；另一手向斜上方立腕推出，掌心向外，仰头看手，如图 5-91 所示。

图 5-88　胸前交叉位　　　图 5-89　双托位　　　图 5-90　托按位　　　图 5-91　托帽位

山膀按掌位：一臂侧平举，立腕；另一手在胸前翻腕按掌，掌心向外，如图 5-92 所示。

顺风旗位：一臂侧平举，立腕；另一手在头上托掌，仰头看手，如图 5-93 所示。

敬礼位：敬礼位分为单手扶胸式礼和双手扶胸式礼，其中，单手扶胸式礼是右手五指并拢，贴于左胸上，左手自然下垂或叉腰，头微低；双手扶胸式礼是双手五指并拢，交叉贴在胸前，头微低，如图 5-94 所示。

图 5-92 山膀按掌位　　　　图 5-93 顺风旗位　　　　图 5-94 敬礼位

3. 基本脚位训练

维吾尔族舞的基本脚位主要有小八字步、踏步、前点步、旁点步和后点步，动作要领同中国古典舞。

（三）基本舞步训练

1. 点步

训练动作：双脚小八字步，双手叉腰位；主力腿膝盖微颤（或向任意方向迈步），动力腿用前脚掌或脚尖有规律地点地；动力腿点地位置可在主力腿前方、侧方或后方，如图 5-95 所示。此外，动力腿还可以主力腿为轴进行点转。

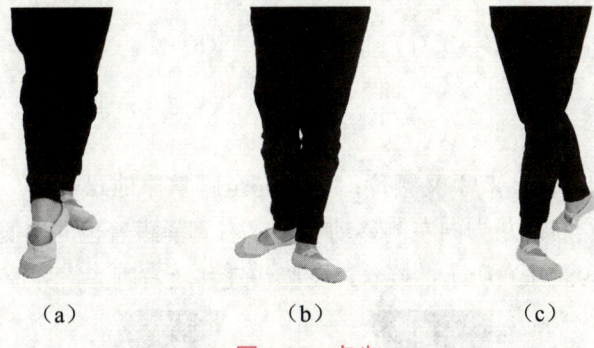

（a）　　　　　　（b）　　　　　　（c）

图 5-95 点步

2. 一步一点

训练动作：双脚小八字步，双手叉腰位；一腿向前或斜前方迈步的同时，双腿经屈膝将身体重心移至前脚上，如图 5-96（a）所示；然后，后脚快步上前，在前脚斜后方用前脚掌点地，如图 5-96（b）所示。

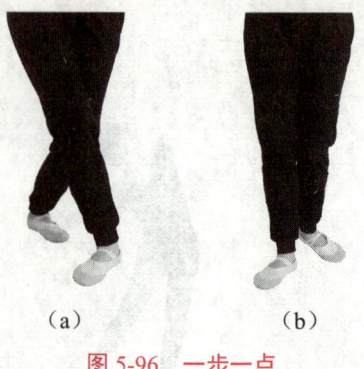

（a） （b）

图 5-96 一步一点

3. 三步一抬

训练动作：双脚小八字步，双手叉腰位；双脚交叉横向连续迈出三步，在第四步时，将准备迈出的脚快速向身体后方踢一下，如图5-97（a）所示；然后，后踢的脚向之前行进的反方向迈出，如图 5-97（b）所示。每走三步做一次抬腿动作，可沿直线做，也可抬步转身做。

扫一扫

三步一抬

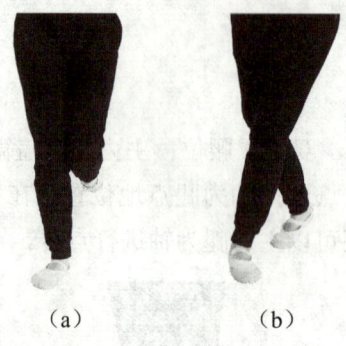

（a） （b）

图 5-97 三步一抬

4. 跺移步

训练动作：双脚正步，双手叉腰位；右脚先全脚掌原地跺一下，双膝靠拢稍弯，如图5-98（a）所示；然后，左脚向左侧移动一步，右脚紧跟着也向左侧迈一步，并落在左脚的斜前方，如图5-98（b）所示；接着，左脚快速移至右脚旁，并原地跺一下。

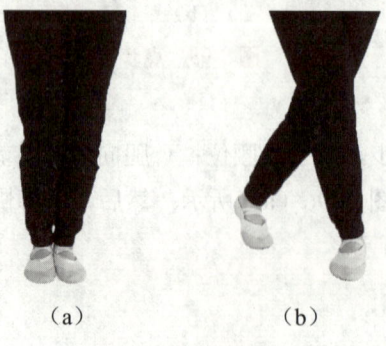

（a） （b）

图 5-98 跺移步

5. 垫步

训练动作：双脚小八字步，双手叉腰位；右脚向前迈出，脚跟着地落于左脚前，如图 5-99（a）所示；右脚落地的同时，右脚脚尖从右划向左，左脚向左侧横移一步，并用前脚掌着地，如图 5-99（b）所示。

扫一扫
垫步

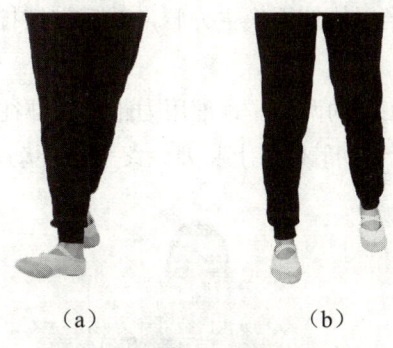

（a）　　　　（b）

图 5-99　垫步

6. 进退步

训练动作：双脚小八字步，双手叉腰位；左腿屈膝，右脚先向前用脚跟点地，如图 5-100（a）所示；然后，右脚再向后用前脚掌点地，如图 5-100（b）所示；在右脚前点地和后点地的同时，左脚要在原地踏步一下。需要注意的是，在做进退步过程中，要保持上身的稳定，不要跟着脚的步伐前后移动。

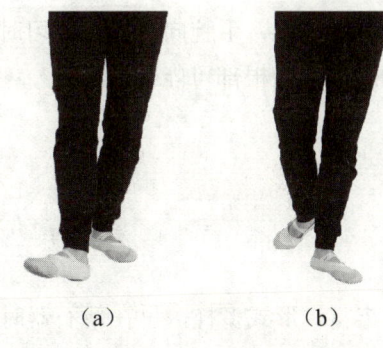

（a）　　　　（b）

图 5-100　进退步

（四）基本技巧训练

1. 旋转

旋转是维吾尔族舞中重要的组成部分，它是舞蹈情感的表达，更是舞蹈技巧的展现。一般来说，旋转主要包括以下几种：

（1）原地旋转的训练动作：躯干挺直，以脊柱为轴心快速旋转；旋转时，要将视线固定在一个点上，双臂打开；然后，用躯干和手臂带动身体转动，头部保持不动，肢体缓慢舒展；当转动到最大幅度时，身体和头部会形成一种反作用力，利用这种反作用力甩头1周回到原位。

（2）舞姿旋转的训练动作：在快速旋转的同时不停变换舞姿，如手部做托帽、托按、顺风旗等动作；旋转快结束时，骤然定格在某一舞姿上，以突显舞蹈的节奏感。

（3）跪转的训练动作：单膝跪地，躯干保持直立，以单腿为轴拧转；旋转时，将视线固定在一个点上，转身过半后快速更换主力腿，然后继续拧转。

2. 动脖

训练动作：两手分别放在脸的两侧，颈部用力带动头部往左侧或右侧平移，用左右脸去碰左右手，如图 5-101 所示。动脖时，上身要始终保持不动，头部与双肩不乱转、乱摆。

图 5-101　动脖

3. 绕腕

训练动作：基本手形准备，用中指带动手掌勾腕，顺时针方向从里向外翻，翻出时手指尖要有向外延伸的感觉，手背向外推，手腕向下压。练习时手腕可向各个方向转动，要让手指有酸麻的感觉，翻出的时候手指根部可能会微颤。

三、蒙古族舞

（一）蒙古族舞概述

蒙古族舞历史悠久、内容丰富、形式多样，早在新石器时代就有了风格各异的蒙古草原舞蹈，并以集体舞、三人舞、双人舞、独舞等不同形式来表现。同时，蒙古族舞具有强烈的草原风格，它热情奔放、稳健有力、节奏明快、舞步轻捷，在一挥手、一扬鞭、一跳跃之间都洋溢着蒙古族纯朴、热情、勇敢、粗犷的民族性格特征，富有浓郁的草原生活气息。

一般来说，蒙古族舞主要有以下几个特点：

（1）基本体态：一般挺拔、端庄，上身略向后仰，下腭稍抬，目光看向远方，仿佛置身于一望无际的大草原上，给人以开阔之感。

（2）动作：上肢的姿态和力度非常多变，配合下肢的"马步"等动作，使舞蹈能够收放自如；蒙古族舞还强调脚、膝、腰、胸、手、肩、头、眼的配合及统一，将多变的肩部动作，手臂力量的不断变化，身体的拧转、横摆、顿点、划圆，以及气息与步伐等结合起来，表现出了蒙古族舞特有的豪迈、洒脱、沉稳之感。

（二）基本体态训练

1. 基本手形训练

平手：自然掌形，拇指张开，另外四指并拢伸直，如图 5-102 所示。

勒马手：手握空心拳，拇指贴在食指的第一个关节上，如图 5-103 所示。

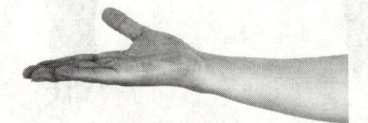
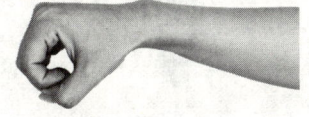

图 5-102　平手　　　　　　　　　　　　图 5-103　勒马手

2. 基本手位训练

一位手：双手握空心拳，拇指打开，叉于腰间，如图 5-104 所示。

二位手：双臂微屈放于身前，双手位于胯部位置，四指并拢，拇指自然伸直，两手指尖相对，掌心朝下，如图 5-105 所示。

三位手：双臂侧下举，手臂与上身成 45°夹角，双手四指并拢，拇指自然伸直，掌心朝下，如图 5-106 所示。

四位手：双臂侧平举，双手四指并拢，拇指自然伸直，掌心朝下，如图 5-107 所示。

图 5-104　一位手　　图 5-105　二位手　　图 5-106　三位手　　　图 5-107　四位手

五位手：双臂侧上举，手臂与头部成 45°夹角，双手四指并拢，拇指自然伸直，掌心朝外，如图 5-108 所示。

六位手：双臂屈肘放于胸前，双手四指并拢，拇指自然伸直，两手指尖相对，掌心朝下，如图 5-109 所示。

七位手：双臂微屈背于身后，双手位于臀部位置，四指并拢，拇指自然伸直，两手指尖相对，掌心朝上，如图 5-110 所示。

图 5-108　五位手　　　　　图 5-109　六位手　　　　　图 5-110　七位手

3. 基本脚位训练

蒙古族舞的基本脚位主要有正步、小八字步、大八字步、踏步、大掖步和前点步，动作要领同中国古典舞。

（三）基本舞步训练

1. 平步

训练动作：双脚小八字步，双手一位；挺胸、立腰、后背挺直，双腿微微屈膝，双脚保持小八字步的基本位置交替贴地向前行进，如图 5-111 所示。行进过程中，双肩要随着步伐自然地前后晃动。

2. 踮步

训练动作：双脚小八字步，双手一位；右脚先向斜前方伸出，全脚掌落地，然后屈双膝，左脚快速向右脚后方迈步，并用前脚掌着地，如图 5-112 所示。

3. 走马步

训练动作：双脚小八字步，左手做勒马动作，右手叉腰；左腿屈膝向前迈步，然后右脚脚掌贴地面快速跟着向前迈一步，双脚交替向前行进。注意上步时，双膝要自然弯曲，同时左臂要随着步伐自然地屈伸，如图 5-113 所示。

4. 跑马步

训练动作：双脚小八字步，双手做勒马动作，左手在前右手在后，上身稍前倾；然后模仿骑马的动作，即双腿屈膝，右脚先向前迈一大步，左脚再快速并步到右脚旁；接着右脚继续向前迈出约一脚的距离，如图 5-114 所示；右脚落地的同时，换左脚向前迈出一大步，这样双脚重复相同的动作交替行进。行进中，双臂要随着步伐自然的屈伸。

图 5-111　平步

图 5-112　踮步

图 5-113　走马步

图 5-114　跑马步

5. 摇篮步

训练动作：双脚小八字步，双手叉腰；右脚向左前方迈一步，两个小腿前后交叉，右脚全脚掌着地，将身体重心放在右脚，左脚外缘着地，如图 5-115（a）所示；接着，双腿屈膝，将身体重心移向左脚，左脚变为全脚掌着地，右脚外缘着地，如图 5-115（b）所示；双脚交替倒换。

扫一扫
摇篮步

（a）　　　　　　　　（b）

图 5-115　摇篮步

（四）基本技巧训练

扫一扫
提压腕

1. 硬腕

训练动作：硬腕又称提压腕，是由腕部带动手掌有弹性地上提或下压，如图 5-116 所示。做硬腕动作时要求节奏鲜明、干脆有力。

2. 揉臂

训练动作：双臂侧平举，双肩上下交替依次带动大臂、肘、小臂、腕至手指做波浪运动，即左臂向上提的同时右臂向下压，左手腕部上提且掌心向内，右手腕部下压且掌心向外，从左手指尖直至右手指尖呈一条波浪线形伸展，如图 5-117 所示。

图 5-116　硬腕

图 5-117　揉臂

3．硬肩

训练动作：双手叉腰，一肩向前推，一肩向后收，双肩有节奏地前后交替摆动，如图 5-118 所示。做硬肩时，要求动作快而有力，并有明显的顿挫感。

图 5-118　硬肩

扫一扫
蒙古族舞肩部动作

4．柔肩

训练动作：基本动作同硬肩，只是双肩前后摆动时速度要放慢，将硬肩的顿挫感变得柔韧、连贯，使整个动作看起来有连绵起伏的感觉。

四、朝鲜族舞

（一）朝鲜族舞概述

舞蹈是我国朝鲜族人民生活的重要组成部分。优雅、细腻、柔和的朝鲜族舞富有浓厚的民族色彩和生活气息，它不仅是人们在佳节或喜庆之日里表达感情的娱乐形式，也是预祝、庆祝丰收，消除劳作疲劳的一种手段。

一般来说，朝鲜族舞主要有以下几个特点：

（1）由于朝鲜族人民非常喜欢白鹤，并把它看成是幸福、吉祥、长寿的象征。因此，朝鲜族舞特别讲究"鹤步柳手"，即舞者应模仿白鹤的神态、舞姿、风韵等，以表现出动静皆宜、庄重大气、潇洒流畅的韵味。

（2）舞蹈体态松弛。舞姿中包含了大量含胸、垂肩、收腹、收臀的动作，体现出一种整齐、沉静、稳重、和谐的美感。

（3）注重气息的运用。讲究内在韵味，强调以气带韵，是动律与风韵、内在美与舞姿美的融合。

（4）常用甩手、围手、扛手、顶手等手臂动作，结合转、跳等舞姿，巧妙地体现出静中有动、张弛相间的交替美，以及点与线的曲线美。

（二）基本体态训练

1.基本手形训练

基本手形：拇指自然伸直，从根部开始向掌心和中指靠拢，食指背与手背保持在同一水平面上，其余三指向掌心方向略弯曲，如图 5-119 所示。

扫一扫
朝鲜族舞基本手形

花手形：拇指与中指自然弯曲，拇指尖与中指的第二关节相对，食指自然伸直，其余两指略弯曲，如图 5-120 所示。

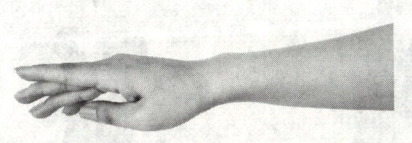
图 5-119　基本手形

图 5-120　花形手

摊手形：五指自然伸直，拇指根部向食指根部的内侧靠拢，其余四指向掌心方向略弯曲，如图 5-121 所示。

半握手形：拇指贴于食指的第一个关节上，其余三指弯曲呈虚握拳状，如图 5-122 所示。

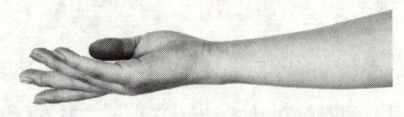
图 5-121　摊手形

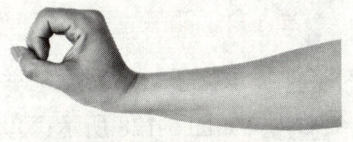
图 5-122　半握手形

2.基本手位训练

平手：双臂侧平举，双手掌心朝上、朝下或朝前，如图 5-123 所示。

围手：双臂屈肘弯曲，右臂位于身前，右手掌心朝上置于左胯前或左肩前；左臂位于身后，左手掌心朝上置于右臀部，如图 5-124 所示。

图 5-123　平手

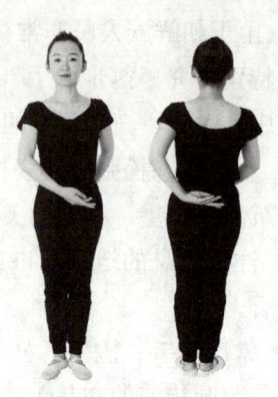

图 5-124　围手

顶手：双臂上举至头顶上方，大臂、肘部、小臂及腕部向内微弯，使双臂呈椭圆形，双手掌心朝上，呈顶物状，双手指尖间隔一拳的距离，如图 5-125 所示。

背手：① 双背手，通常为右手手背贴于右臀部，左手手背贴于左臀部或双手相握贴于尾椎处，如图 5-126 所示；② 单背手，通常将一手手背贴于尾椎处。

围肩手：一手用食指的侧边点至交叉肩前，掌心朝外，另一手背于身后，如图 5-127 所示。

图 5-125　顶手

图 5-126　背手

图 5-127　围肩手

扛手：① 托掌扛手，双臂侧平举，屈肘，小臂向上弯曲，双手置于头部两旁，掌心朝上，指尖对内，如图 5-128 所示；② 立掌扛手，掌心对内，指尖朝上，其他动作与托掌扛手一致，如图 5-129 所示；③ 横掌扛手，双臂侧平举，屈肘，小臂向内弯曲，双手置于胸前，掌心朝前，虎口朝下，如图 5-130 所示。

图 5-128　托掌扛手　　　　　图 5-129　立掌扛手　　　　　图 5-130　横掌扛手

3. 基本脚位训练

朝鲜族舞的基本脚位主要有小八字步、大八字步、踏步、丁字步和大丁字步。其中，小八字步、大八字步、踏步和丁字步的动作要领同中国古典舞；大丁字步的动作要领则是在丁字步的基础上，将右脚向其脚尖方向迈出约一脚的距离，如图 5-131 所示。

图 5-131　大丁字步

（三）基本舞步训练

1. 鹤步

训练动作：双腿并拢直立，双脚小八字步；左腿屈膝下蹲的同时，右膝带动右腿向前迈步，如图 5-132 所示；右脚落地时脚跟先着地，再过渡到全脚掌着地，身体重心随之前移至右脚，接着左脚快速离地跟随到右脚旁。

2. 丁字推步

训练动作：左丁字步准备；然后，左脚向 8 点方向迈步，落地时脚跟先着地，再过渡到全脚掌着地，双脚呈大丁字步，如图 5-133 所示；接着，右脚快速向前移动至左脚旁，与左脚始终保持成丁字步。

3. 滑步

训练动作：双腿并拢直立，双脚小八字步；然后，左腿屈膝下蹲，同时右脚向 2 点方向迈步，脚跟先落地，再过渡到全脚掌着地，双脚呈大丁字步，身体重心随之前移至右脚，如图 5-134（a）所示；接着，左脚上步至右脚的右前方，同时双腿自然伸直，双脚前脚掌着地，如图 5-134（b）所示；随后，右脚继续向 2 点方向迈步，全脚掌落地，屈双膝至半蹲状，同时左脚拖地至右脚旁，如图 5-134（c）所示。

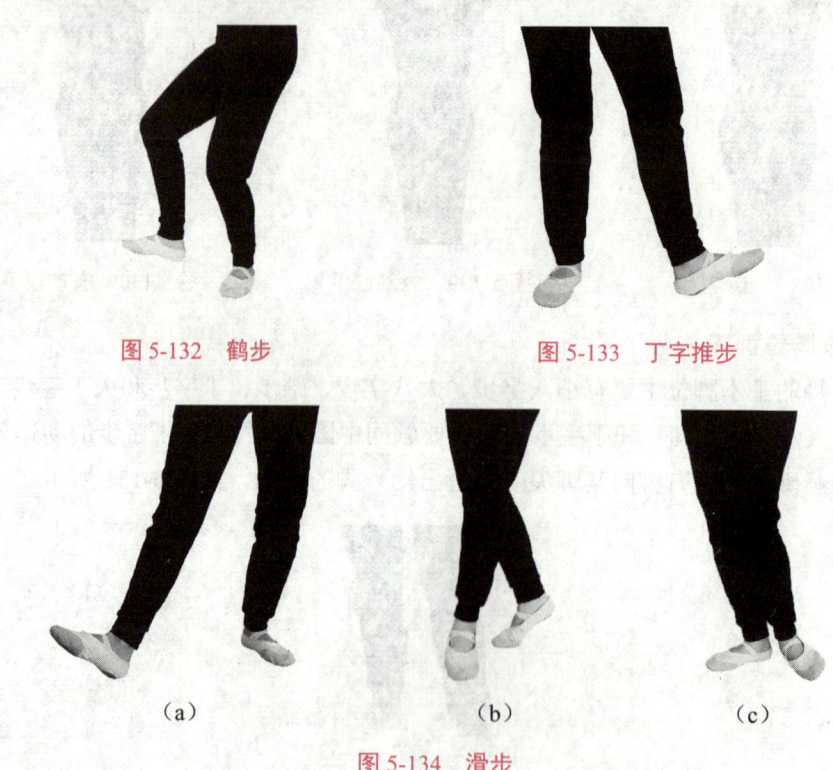

图 5-132　鹤步　　　　　　　　　　图 5-133　丁字推步

（a）　　　　　　　　（b）　　　　　　　　（c）

图 5-134　滑步

4. 垫步

训练动作：双腿并拢直立，双脚小八字步；然后，左腿屈膝微蹲，同时右脚向前迈步，脚跟先落地，再过渡到全脚掌着地，身体重心随之前移至右脚，如图 5-135（a）所示；接着，左脚向前迈步，双腿自然伸直，双脚前脚掌着地，如图 5-135（b）所示；随后，右脚再次向前迈步，经脚尖至全脚掌着地，如图 5-135（c）。

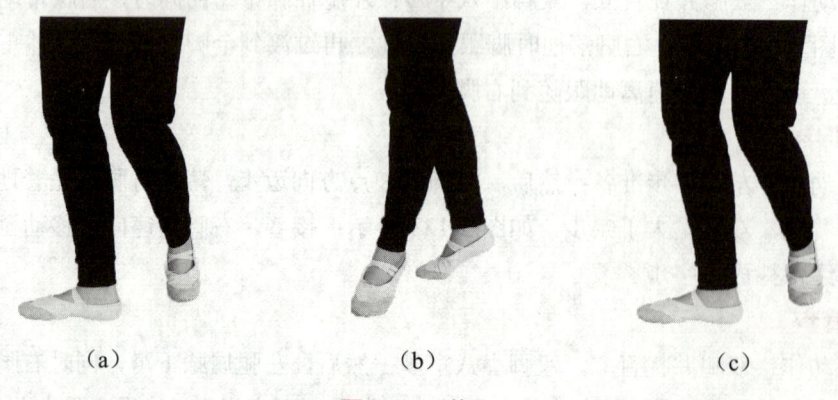

（a）　　　　　　　　（b）　　　　　　　　（c）

图 5-135　垫步

（四）基本技巧训练

1. 脆肩

训练动作：双肩有节奏地轻巧上提，随即自然下垂。做脆肩时，动作幅度要小，肩膀应始终保持松弛感与跳跃感。

2. 推手

训练动作：双臂屈肘，小臂向上，双手立腕，保持基本手形，如图 5-136（a）所示；然后，由腕部发力带动手部柔韧地向上（上推手）、向下（下推手）、向前（前推手）或向旁（横推手）推动，直至手臂伸直，如图 5-136（b）所示。推手可单臂做，也可双臂做。

（a）　　　　　　　　　（b）

图 5-136　推手

3. 弹手

训练动作：一手保持基本手形，虎口朝上，由腕部发力带动手指轻微地左右或向上弹动，如图 5-137 所示。

图 5-137　弹手

4. 跟轴转

训练动作：双腿并拢直立，双脚小八字步；以右脚脚跟为轴心，用脚掌带动身体在原地顺时针旋转 1/4 周、1/2 周或 1 周，然后左脚紧跟至右脚旁，还原成小八字步，如图 5-138 所示。

图 5-138　跟轴转

🔲 民航小讲堂

机场导乘服务

　　机场导乘服务是指在机场引导旅客有序安检、检票、登机，以及解答旅客各种问题的服务。一般来说，机场导乘服务主要包括以下几种服务内容：

　　1. 为普通旅客乘机提供引导

　　（1）出发大厅的导乘人员应为旅客提供购票、办理登机牌和行李托运等服务。

　　（2）飞机经停时，导乘人员应引导需要继续乘机的旅客在候机厅休息等候，并在下一航段登机时，安排经停旅客优先登机。

　　（3）旅客购买中转联程（即通过中转的方式到达目的地的旅行方式）票，在中途需要下机时，导乘人员应引导旅客去中转柜台办理相关手续。

　　（4）下机时，导乘人员应协助登机口服务人员对旅客进行分流。

　　（5）下机后，导乘人员应引导旅客提取行李、出机场。

　　2. 为候机旅客提供便利

　　当旅客安检后进入机场隔离区候机，需要购物、就餐、使用洗手间、接热水等服务时，隔离区的导乘人员可引导旅客到相应的地点，并为其提供相应的服务。

　　3. 为遇到困难的旅客提供帮助

　　（1）如果旅客在机场内发现身份证丢失，导乘人员应引导其到机场派出所或民警值班室申请办理临时身份证明。

　　（2）如果旅客在办理登机牌后不慎将其遗失，导乘人员应协助乘客寻找。如果确实丢失，导乘人员可带领旅客到特殊服务柜台或主任柜台重新办理登机牌。

　　（3）如果旅客行李丢失或行李破损，导乘人员应引导旅客到行李查询柜台进行查询。

（4）如果旅客与家人走散，导乘人员应协助旅客进行寻找，并通知广播室广播寻人。

（5）如果旅客自助值机时不会使用自助值机设备，或者操作遇到困难，导乘人员应协助旅客正确操作并完成相关手续的办理，如图5-139所示。

图5-139　导乘服务

4．为特殊旅客提供服务

（1）对于老年旅客（65岁以上）、病残旅客、独自带婴儿出行的旅客等旅客群体，导乘人员应按照相关规定为其提供"爱心服务"，陪同和帮助其办理登机牌、安检等相关乘机手续，并将其送到登机口候机。

（2）对于无人陪伴儿童，导乘人员应在出发时从值机柜台陪伴无人陪伴儿童到登机口，将其交接给机上相关人员；到达时接管无人陪伴儿童，将其送到指定位置与监护人交接。

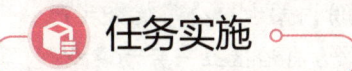 **任务实施**

民族舞分析

实施步骤：

（1）全班学生分成若干个小组，每组4～5人，每组成员可以采用多种方式收集维吾尔族舞、蒙古族舞和朝鲜族舞的舞蹈照片或视频。

（2）各组针对收集到的资料进行讨论，分析这几种民族舞的异同点，然后进行整理和归纳，总结出中国民族舞的整体特点。

（3）各组根据讨论结果，制作一个关于中国民族舞的PPT。

（4）各组派一名代表在课堂上展示并讲解本组的PPT内容。

任务评价

（1）各组之间进行交流和总结，并参照表5-2互相打分。

（2）教师参照表5-2对每个小组的表现进行评价与打分，并做总结性发言。

表5-2 任务实施评价表

序号	评价内容	分值	小组评分（40%）	教师评分（60%）
1	收集的民族舞照片或视频等资料极具代表性，能够突显出该民族的民族特色	20		
2	能根据所学内容正确分析出资料中不同民族舞的基本体态、舞步及技巧的特点，以及动作要点	30		
3	制作的PPT内容翔实，对民族舞的认识与理解阐述到位，能够归纳出中国民族舞的整体特点	30		
4	PPT讲解流畅，重点突出，详略得当	20		
	合　计	100		

 民航之声

李敏：心系旅客，做最美民航人

1994年，李敏成为国航的一名空中乘务员，2009年她由空中乘务员岗位转入地面服务岗位。作为空中乘务员，她曾经获得国航"十佳服务明星"称号。作为地面服务部贵宾休息室主管，她先后荣获了原国航股份内蒙古分公司优秀共产党员、中航集团"优秀班组长"等荣誉称号，以及内蒙古自治区五一劳动奖章。

不论是在空中还是在地面，李敏始终心系旅客，不仅努力做好服务工作，还带领团队共同进步。

脚踏实地，真情服务旅客

"凡事都要脚踏实地去做，不驰于空想，不骛于虚声，而惟以求真的态度作踏实的功夫。以此态度求学，则真理可明；以此态度做事，则功业可就。"这句李大钊的名言，是李敏的座右铭。不论是在空中，还是在地面，李敏一直都秉持脚踏实地的态度来工作。

在工作15年后，李敏因为身体原因不得不离开驾轻就熟的空中乘务员岗位，转到地面服务岗位工作。"地面岗位像空中岗位一样，都要尽量为旅客提供真情服务。"李敏表示。转到地面岗位后，李敏很快就进入了角色。航空公司贵宾休息室面积仅有148平方米，最多只能容纳38位旅客。没有宽敞空间，没有豪华装饰，没有高端先进设备，如何才能持续保证优良的服务品质，成了李敏工作关注的重点。她将在空中乘务员岗位工作积累的经验运用到了地面服务工作中，以软性服务为突破口，从服务根源上做足功夫以弥补硬件设施的不足。

为了让旅客有良好的服务体验，李敏一方面用空中服务标准要求自己和所在温馨港湾班组成员，另一方面结合地面服务特点，进一步改进服务标准。

李敏从最基础的标准姿态入手，她和同事们共同确定了站、立、行、走、蹲，端、拿、倒、送、迎等的标准姿势。李敏不仅以身示范，还手把手帮助其他的组员纠正姿态。在练习过程中，李敏用摄像机把每位组员的服务姿态都记录下来，放给他们看，共同纠错并探讨改进方法。在李敏的帮助下，全体班组成员都习惯了用标准姿势工作。旅客来到国航内蒙古公司贵宾休息室，也能感受到服务水平在不断提升。

关注需求，创新服务项目

随着贵宾休息室旅客人数逐年攀升，高端旅客对贵宾休息室的服务需求也在发生变化。"充分关注旅客的需求，才能做好服务工作。"李敏是这样说的，也是这样做的。

2017年，内蒙古自治区成立70周年。自治区大庆当天，"温馨港湾"的姐妹们也身着蒙古族服饰，为每一位光临休息室的贵宾献上洁白的哈达，祝福旅客吉祥安康，与旅客共同分享喜庆日子的快乐。贵宾室的室内也经过了精心布置，用装饰蒙古包的五彩帷幔装点灯饰，在门头挂上金刚结，寓意兴旺吉祥。在提供的食品方面，增设了蒙古族酸奶、奶豆腐、蓝莓干、牛肉干等地方特色美食。这些都是李敏的创意。"除了为旅客提供一些基础服务，我们还要有一些特色，才能让旅客真正满意。"李敏表示。

贵宾室除了在重要节假日有些"不一样"之外，李敏还努力让服务创新常态化。自2014年6月起，在她的策划和组织下，贵宾休息室开始推行季度专项服务提升方案，先后开展赏识服务、温馨服务、微笑服务、沟通与交流、主动服务等5项专题服务。"温馨港湾"班组里的4个小组，每组每季度负责一个服务创新方案。

李敏自己则提出了制订高端旅客"一对一"服务提升计划。大多数国内贵宾休息室都会收集高端旅客的个人喜好、习惯，建立旅客档案。而李敏则想得更为细致，对每一名高端旅客情况进行梳理，"一对一"地提出提升服务质量方案，努力将好的服务兑现在旅客开口之前，真正实现服务"个性化"。

不仅如此，李敏还率先提出了开设现场模拟示范课。示范课模拟各种现场突发情况，如航班延误该如何向旅客解释；旅客强行在休息室吸烟，怎么劝客；遇到病患、孕妇等特殊旅客，提供哪些服务工作。示范课让大家处理解决各种现场突发情况的应变能力得到了较大提升。

在李敏的带领下，贵宾休息室"温馨港湾"班组成员会自发动脑筋、想办法，不断提升服务质量。"温馨港湾"班组也成了推广和传播内蒙古自治区形象和航空公司服务文化的一张亮丽名片。